博弈视角下的

网络产品与
服务定价问题研究

盛永祥 著

RESEARCH ON THE PRICING ISSUES
OF NETWORK PRODUCTS
AND SERVICES FROM
THE PERSPECTIVE WITH GAME THEORY

江苏大学出版社
JIANGSU UNIVERSITY PRESS

镇江

图书在版编目(CIP)数据

博弈视角下的网络产品与服务定价问题研究 / 盛永祥著. —镇江：江苏大学出版社,2013.6
ISBN 978-7-81130-481-7

Ⅰ.①博… Ⅱ.①盛… Ⅲ.①电子计算机工业－工业产品－定价－研究②电信－商业服务－定价－研究 Ⅳ.①F407.67②F626.5

中国版本图书馆 CIP 数据核字(2013)第 137260 号

博弈视角下的网络产品与服务定价问题研究
BOYI SHIJIAO XIA DE WANGLUO CHANPIN YU
FUWU DINGJIA WENTI YANJIU

著　者/盛永祥
责任编辑/柳　艳　张　平
出版发行/江苏大学出版社
地　址/江苏省镇江市梦溪园巷 30 号(邮编：212003)
电　话/0511-84446464(传真)
网　址/http://press.ujs.edu.cn
排　版/镇江文苑制版印刷有限责任公司
印　刷/丹阳市兴华印刷厂
经　销/江苏省新华书店
开　本/890 mm×1 240 mm　1/32
印　张/6
字　数/180 千字
版　次/2013 年 6 月第 1 版　2013 年 6 月第 1 次印刷
书　号/ISBN 978-7-81130-481-7
定　价/26.00 元

如有印装质量问题请与本社营销部联系(电话：0511-84440882)

目 录

1 导 论

1.1 研究背景及意义

1.1.1 研究背景

信息技术的广泛应用和经济全球化的迅速发展,正把人类带入网络经济的生产时代。以信息产业和新兴服务业为主导的网络经济的兴起,正深刻地改变着人们的生产方式、工作方式和生活方式,为经济的快速发展和人们生活水平的提高提供了新的契机,创造了有利条件[①]。网络产品与服务的快速发展,已成为当今世界经济和社会发展的大趋势,也给世界各国特别是发展中国家带来了良好机遇和严峻挑战[②]。网络产品或网络服务是具有消费外部性、转移成本、兼容性和规模经济性等特征的产品或服务[③]。中国作为发展中国家,工业化任务尚未完成,信息技术和新兴服务业相对落后,需要顺应世界网络产品与服务的发展,趋利避害,扬长避短,抓住机遇,迎接挑战,努力实现网络产品与服务的跨越式发展,提高网络经济对整个社会经济的贡献,因而对网络产品和服务的定价研究变得迫切而重要,归纳起来,主要基于以下几方面原因:

(1) 对网络经济的影响认识不够。当今中国不少企业家或

---

① 中国信息协会:《网络经济与经济治理》,中国计划出版社,2001年。
② 牛飞亮:《网络经济与企业数字化改造战略》,西北工业大学出版社,2006年。
③ 奥兹·伊:《网络产业经济学》,上海财经大学出版社,2002年。

企业经营者认为,网络经济只会对高科技产业产生影响,而传统产业中的企业可以置身事外,依然如故。但事实并非如此。许多企业并没有真正意识到网络经济带来的冲击、机遇和挑战[1]。

(2)消费者约束。在传统社会中盛行生产者主权思想,生产者生产出产品与服务后,通过各种媒体手段强加给消费者,迫使他们购买自己的产品与服务,认为这些就是他们所需要的。事实证明,生产主权的思想有其局限性。在一个商品短缺的经济社会,人们为了生产或生活需要,可能不太注重商品的个性和特征是否符合自己的需要;而在一个生产相对过剩的社会,消费者拥有货币选票,他有充分的权力选择适合自己的产品与服务,消费者主权会逐步取代生产者主权。在网络经济时代,人们拥有更多的接触产品与服务的机会,企业想赚钱,就应该重视消费者的个性特征[2]。

(3)同类生产企业的竞争程度不断增强。有些网络产品与服务除了价格以外的差异程度不大,企业的竞争主要体现在企业拥有顾客数量的多少和价格的高低,有时企业为了赚取最大利润而定价过高,反而可能导致企业经营不善。

(4)政府干预。由于网络产品与服务具有消费外部性的特点,不存在竞争性均衡价格,因而不适用于福利经济学的第一定理,这时会出现市场失灵,政府可能会干预市场价格,从而导致价格扭曲,以致资源配置失效。因此市场失灵不一定需要政府干预,因为合理的市场价格具有自动调节功能。

1.1.2 研究的意义

(1)对网络产品定价问题的研究,可以丰富和发展传统经济学的理论

传统产品主要是一种供应方的产品市场,注重生产成本、销

---

[1] 夏大慰:《对新经济时代的产业经济研究》,上海财经大学出版社,2001年。

[2] 周朝民:《网络经济》,上海交通大学出版社,2002年。

售价格和利润。例如汽车制造业,初始的固定成本很高,只有当汽车的销售量增加时,汽车制造商的单位成本才会降低,因此汽车的生产规模越大,成本越低(当然这种规模经济也不是无限制的,当达到一定规模之后,企业的组织管理过于复杂,内部互相制约,成本开始成为制约因素。所以生产企业的规模往往相对稳定)①。而网络产品反映出来的不仅仅是供应方的产品市场,还有需求方和政府,因此网络产品的提供更注重消费者的规模、同类产品的价格、兼容性和社会福利等问题,所以更需要考虑生产者、消费者和政府三者互动的情况。

(2) 有助于生产商制定合理的价格,从而达到社会整体利益最大化

长期以来,许多企业对消费者选择的重要性认识不足,国内的网络产品与服务生产厂商,即使是一些生产巨头,也认为消费者的选择策略是一种被动的策略,是消费者个人的事情。而且由于缺乏成功的网络产品与服务定价问题的相关理论指导,大部分生产商还处于盲目状态。本书的研究能够帮助生产商根据网络产品与服务的特点、顾客的数量大小、成本构成等因素制定合适的网络产品与服务价格,从而帮助生产商认识到合理的定价不仅是一种社会效益显著的行为,更是取得显著经济效益的手段。因此网络产品与服务定价的研究对其具有重要的实际应用前景。

1.2 国内外研究现状

随着网络经济的发展,关于网络产品的研究受到越来越多的重视,国内外众多的学者从不同角度对网络产品进行了研究,大量的文献和专著开始涌现。不过,网络产品的研究时间毕竟还

---

① 李明志:《产业组织理论》,清华大学出版社,2004 年。

短,相对于传统产品的研究来说,其文献数量偏少,理论成熟度也有欠缺。纵观国内外相关文献,基本可以分为两大类,一类是关于网络产品的理论研究,另一类是关于网络产品的实证研究。本节将在初步回顾网络产品发展历史的基础上,对两类文献的国内外研究现状进行综述。

1.2.1 网络产品理论研究综述

在网络产品基本理论研究方面,比较具有代表性的有如下研究。

在20世纪50年代,纳什提出讨价还价问题以后,博弈理论开始在各个社会经济领域得到广泛应用[①]。Herzel研究了公共利益和彩色电视机市场管制问题,Steiner研究了广播节目的方式、消费者偏好和竞争问题,Coase提出了应该通过拍卖方式分配无线电频率资源。

在20世纪60年代,几乎没有关于网络产品与服务的研究文献,原因在于除了电信产品外,其他网络产品与服务还没有得到很快发展。

在20世纪70年代,Swan研究了网络产品的耐用性问题,Rohlfs分析了影响电信服务需求的影响因素以及电信服务的外部性问题。

在20世纪80年代,研究网络产品与服务的相关文献日益增加。Kindleberger研究了网络产品的标准和兼容性问题,Von Weizsacker研究了替代品的转移成本问题,Farrell研究了标准化、兼容性和创新关系问题,Katz等研究了网络外部性、竞争和兼容性问题,Katz等也研究了随着技术进步生产厂商的兼容性的选择,Katz Shapiro研究了网络产品的转移市场问题,Matutes等研究了网络产品中的互补品问题,Economodes等研究了在缺少外部性条件下网络产品兼容性选择问题,Borenstein

---

① Nash J. The Bargaining Problem. *Econometrica*, 1950, 18.

研究了美国航空业的竞争演化过程。

自 20 世纪 90 年代以来,研究网络产品与服务的种类和内容的相关文献更加丰富。David 研究了网络产品兼容性的经济学特性,Chou 等研究了没有外部性条件下网络产品的效果问题,Gilbert 研究了网络产品兼容性的协同;Leibowitz 等从法律和经济的角度研究了影响电信发展的关键因素,Church 研究了电信产业的进入障碍,McMillan 研究了出售无线电频谱的权利,Laffont 等研究了电信的接入价和通过内部连接增加竞争力,Wright 等研究了国际电话费的结算;Bittlingmayer等研究了一个简单航空网的效率和进入,Berechman研究了航空网络结构均衡,Berechman 研究了在管制条件下的航空业的网络结构和进入,Bresnahan 等研究了在计算机产业中的技术竞争,Conner 等分析了软件盗版中的保护策略选择,Chou 等研究了消费者购买同一品牌计算机的利益得失,Church 等研究了软件产品的系统、种类、提供和标准,Greenstein 研究了计算机的安装基数规模对计算机产业的利润影响,Chou 研究了软件的部分兼容性和支持专业服务,Baseman 研究了微软公司利用不兼容性操作系统特点维持独家垄断地位,Givon 等研究了软件盗版的估计损失,Gandal 等研究了计算机软件产品竞争标准和微型计算机的兼容的策略以及动态技术采用;Sharp 等研究了银行储蓄账户的转移成本,Tarkka 等研究了银行账户收费的定价方法,Santomero 研究了多种支付工具的选择,Matutes 研究了共享银行的 ATM 和银行的竞争,Shy 等研究了银行卡市场和软件市场的保护策略问题;Cancian 等利用豪泰林模型研究了电视节目安排,Spence 研究了电视节目的播放和社会福利,Nilssen 等研究了电视节目的时间安排。

这一时期的研究成果集中于竞争、垄断和定价及限制因素等基本问题,并且对网络产品的实践经验进行了提炼和总结,但是存在没有考虑到不同消费者的网络效应系数、转移成本不同和信息不对称等问题。

尽管国内网络产品的研究起步较晚，但在近几年也明显增多，取得了一定成果。

在计算机硬件方面可以分为三类：一是对生产硬件产品的企业定价问题（胥莉在 2006 年研究了具有网络外部性特征的企业定价策略研究）；二是硬件兼容性问题（刘毓敏在 2002 年研究了系统软硬件兼容性缺陷及其对策）；三是市场结构问题（薛伟贤在 2002 年研究了寡头市场的博弈分析，陈黎琴在 2002 年研究了笔记本市场的博弈分析）。

在软件产品方面分为两类：一是对软件产品的兼容性问题（刘戒骄在 2002 年、2003 年研究了软件企业的兼容和竞争力问题，朱振中在 2004 年研究了兼容性战略的发展问题，唐百川、胡汉辉在 2005 年研究了软件企业的产品兼容性决策选择问题）；二是针对软件盗版和保护问题以及盗版影响因素（张帆在 2005 年分析了软件盗版的情况下的公司战略选择与政府政策的选择，丁继锋在 2006 年分析了软件盗版的网络效应）。

在电信服务方面分为三类：一是针对电信的成本问题（崔纪平在 2000 年分析了电信成本测算及定价原则与方法，邹超在 2008 年研究了我国 ADSL 与 FTTH 的组网方式及成本要素）；二是针对电信管制问题（宋美恩在 2007 年讨论了中国电信规制的动因，唐守廉在 2000 年分析了电信管制和企业的关系问题）；三是针对电信收费问题（魏素卿等在 2007 年讨论了中国电信规制的动因）。

在电视节目方面分为三类：一是针对电视节目价值链问题（卞新森等在 2008 年研究了产业价值链视角下的电视节目版权贸易，于雷在 2005 年研究了信息增值业务如何为广播电视增值）；二是针对有线电视节目收费问题（于方在 2006 年分析了收费电视的前景，赵季伟在 2008 年研究了电视节目生命周期费用管理问题）；三是针对数字电视的发展问题（庄智为在 2006 年研究了数字融合引爆商机问题,杨玲玲在 2006 年分析了我国有线数字电视发展困境的问题)。

在航空运输方面分为三类:一是针对航空网络的需求和价格竞争方面(杨秀云等在 2003 年研究了民航业的需求差别定价问题,白杨在 2006 年分析了我国航空运输服务业的市场结构及价格竞争策略);二是针对航空网络的选址和结构方面(翁克瑞等在 2006 年研究了中国航空枢纽港选址与中枢航线网络设计,黎群在 2005 年分析了航空公司战略联盟的网络经济性);三是针对航空网络的管制方面(张莉在 2005 年研究了民航运输业的价格管制与放松管制问题)。

在银行方面分为三类:一是针对银行的转移成本和网络兼容性方面(王子健在 2002 年研究了转移成本、网络兼容与商业银行竞争问题,姜利兵等在 2001 年研究了经济结构转移成本正向银行问题,肖萍在 2006 年研究了转移成本对顾客忠诚度的作用机理);二是针对银行的 ATM 网络服务方面(何自力等在 2004 年研究了 ATM 网络服务价格竞争与银行卡市场结构,寇宗来等在 2006 年研究了 ATM 收费、银行竞争和社会福利问题);三是针对银行卡方面(卢玉志等在 2004 年研究了电子货币对金融体系产生的影响,钟志文在 2001 年研究了消费者对银行卡的使用问题)。

国内的研究成果大部分集中在定性分析和数据简单说明,有少部分研究建立了数学模型,但是依然没有很好地解决不同消费者的网络效应系数、转移成本不同和信息不对称等情况下的网络产品与服务的定价问题。

1.2.2 网络产品实证研究综述

网络产品毕竟属于应用研究的范畴,它从企业的管理实践中得以提炼与升华,同时也在不断地指导着企业的网络产品的生产实践。其中代表性的研究有:Leibowitz 研究了 QWERTY 键盘和其他键盘的转变问题,Greenstein 研究了 IBM 生产的不兼容性对在位卖主产生的消极作用，Gandal 估计了表格程序的价格方程，并使用该方程分析检验了网络外部性是否存在，Givon 研究了软件盗版的估计损失，Wright 分析了美国电话结算费的数据，检验是否美国把大部分收入都补偿给了低收入国家，Berechman 的研究说明了航空公司数量的下降归因于在位航空公司进入遏制战略的成功应用，Kim 利用数据估计了银行的转移成本大小。

国内也有部分学者对网络产品进行了实证研究。李晓华用实际数据分析了软件盗版对该产业的影响，王子健结合网络产品的兼容性理论简要分析了银行的转移成本，崔纪平指出电信成本测算及定价。

尽管国内外学者对网络产品的研究已取得丰硕的成果，但由于该问题涉及的要素众多，而且随着环境的不断变化，该领域还将出现新的特征和问题，目前远未形成完整的网络产品的理论和方法体系，因而仍有许多重要问题值得进一步研究。

1.3　研究框架

1.3.1　研究内容

在总结目前国内外相关领域近年来研究成果的基础上，本书主要从构成网络的基本单元产品——计算机硬件产品、保证网络基本单元功能实现的产品——计算机软件产品、支撑网络平台的基础设施产品——电信、需要安装到户的网络产品——有线电视、需要到固定地点服务的网络服务——航空运输和既可以安装到户也可以到固定地点服务的网络服务——银行等六个产品展开分析。主要研究内容如图 1-1 所示：

```
多种产品的        软件生产              接入价      电视节目的    网络结构     账户收费和
兼容性          和保护                        合约和播放              ATM兼容性
   ↓             ↓                  ↓           ↓           ↓           ↓
┌────────┐   ┌────────┐   ┌────────┐   ┌────────┐   ┌────────┐   ┌────────┐
│网络的   │   │网络的   │   │网络平台 │   │需要安   │   │需要到   │   │或安装  │
│基本构   │→  │功能实现 │→  │的基础设 │→  │装到户的 │→  │固定地点 │→  │到户或固 │
│成单元   │   │产品(计  │   │施(电信) │   │网络产品 │   │服务的网 │   │定地点服 │
│(计算机  │   │算机软件)│   │        │   │(有线电视)│  │络服务   │   │务的网络 │
│硬件)    │   │        │   │        │   │        │   │(航空运输)│  │服务(银行)│
└────────┘   └────────┘   └────────┘   └────────┘   └────────┘   └────────┘
   ↑             ↑                            ↑           ↑           ↑
单种产品的       软件兼容性               数字融合      代码共享     多种支付
兼容性          和定价                                              工具并存
```

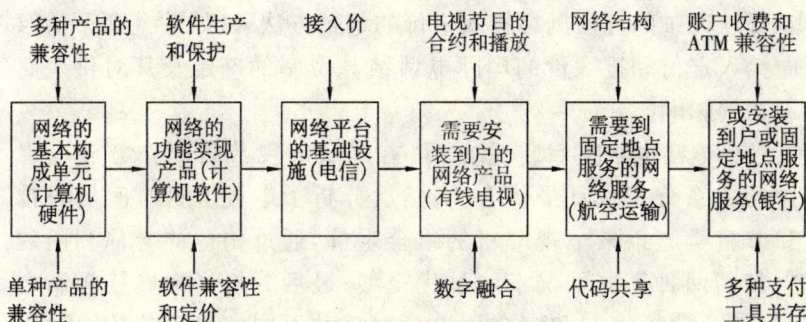

图 1-1　网络产品与服务的主要研究内容

（1）导论。论述本书的选题背景、研究意义、文献综述、研究整体思路、技术路线以及研究的主要内容和本书的创新点。

（2）相关概念的界定与基于博弈的网络产品和服务的定价优势。

（3）在计算机硬件定价方面：从网络外部效果和转移成本角度出发，研究兼容性如何影响价格、利润、消费者效用和社会福利。上述研究主要分别在独占垄断、双寡头结构、互补产品的硬件市场中进行。

（4）在计算机软件定价方面：首先分析了软件产品的经济特征和生产原则，然后分析了软件兼容和不兼容两种情况下的软件种类决定方法，最后分析了软件产品的定价和市场细分的方法以及软件保护问题，并指出了软件公司根据不同情况采取不同的保护策略。

（5）在电信服务定价方面：首先将消费者类型分为离散和连续两种情况，分析了离散情况下消费者的效用函数、垄断供应商的定价和社会福利以及新厂商进入的影响和消费者类型扩展至三种类型的情况；然后分析了连续情况下消费者的效用函数、无连接成本的垄断供应商的定价和社会福利以及有连接成本的垄断供应商的定价和社会福利以及新厂商的进入问题；最后分析了互联互通中的互联网络接入定价的基本方法、区域性垄断下的双向接入定价和接入价的国际电话结算费率的确定及其对供应商利润的影响。

(6) 在电视节目定价方面:首先从电视节目制作方和电视台的关系分析设计最优合约;然后分析了电视节目时间的安排和节目类型以及电视节目的组合定价,通过构造社会福利函数来判断两种不同情况下的最优模型;最后分析了在放松管制之前、部分放松管制和完全放松管制三种不同情况下的数字融合定价问题。

(7) 在航空运输服务定价方面:首先分析了航空业的网络经济性,然后分析了全连通航线网和枢纽航线网络(也称为中枢辐射航线网络)的成本模型和在独家垄断下航空公司的两种航线网络的利润情况,以及在进入遏制、接纳下的定价分析,最后对代码共享与否的防降价均衡的票价和利润展开分析。

(8) 在银行服务定价方面:首先建立了银行账户收费的防降价模型,推导出计算公式,并通过对镇江市商业银行抽样调查的方法推算出存款账户和贷款账户的转移成本经验估计;然后分析了银行利用 ATM 展开竞争的收费模型;最后分析了商家和买家对不同支付媒介的选择排序,得出了在不同交易额条件下的不同支付媒介的均衡。

(9) 总结与展望。总结全书主要成果,展望进一步研究的问题。

1.3.2 研究方法及技术路线

(1) 研究方法

① 定性分析和定量研究相结合、实践与理论相结合。

根据研究内容,按照先定性后定量、从简单到复杂循序渐进的研究顺序开展研究。首先采用定性分析的方法分析其一般规律和内在本质,然后在此基础上建立模型进行定量研究,由模型分析结果得出结论。

② 规范研究与实证研究相结合。

在对银行账户收费的定价中,突出了规范与实证的结合,强调在实践中如何具体收集数据和运用银行账户收费模型进行计算。

③ 综合应用博弈理论、决策理论等对网络产品与服务的定价问题进行了分析。

（2）技术路线

本书研究的技术路线如图 1-2 所示：

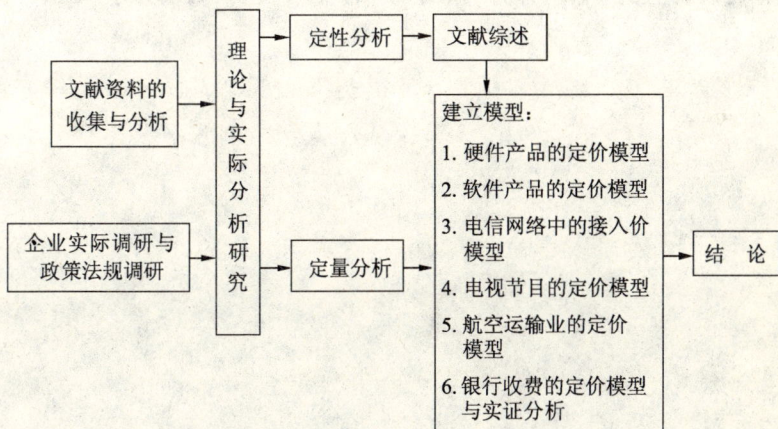

图 1-2　本书研究技术路线图

1.4　本书的创新点

本书的创新主要有以下几点：

（1）结合网络产品种类繁多的实际情况,主要从构成网络的基本单元产品、保证网络基本单元功能实现产品、支撑网络平台的基础设施产品、需要安装到户的网络产品、需要到固定地点服务的网络产品（航空运输）和既可以安装到户也可以到固定地点服务的网络产品等六个产品展开研究,分析了不同利益主体下的决策形式。

(2)将消费者分成离散型和连续型两种类型,并详细分析了如何从消费者的效用函数导出需求函数。

(3)考虑到不同种类的消费者效用函数中的网络效应系数和转移成本不同,建立模型分析了生产者、消费者的选择以及是否存在市场失灵现象。

(4)建立银行账户收费模型并对镇江市的四大商业银行的基础数据进行调查,并计算出账户的平均收费和转移成本。

2 相关概念的界定与基于博弈的网络产品和服务的定价优势

2.1 基本概念

2.1.1 网络产品与服务

具有消费外部性、转移成本、兼容性和规模经济性等特征的产品或服务称为网络产品或网络服务①。网络产品或网络服务区别于传统产品或传统服务的主要特征是：

(1) 消费的外部性。消费者消费网络产品（服务）的效用受到使用相同或相似或兼容产品的人数的影响，而消费传统产品例如食物、饮料产品具有排他性，即消费者消费该商品，其他人便无法消费该商品。

(2) 转移成本。学习并掌握一种软件如 ACCESS 数据库系统软件需要花费一定的学习时间（时间长短取决于用户的水平）。因此，转换数据库系统软件给用户带来很大麻烦。对某些用户来说，转换数据库系统软件和学习一门新语言一样困难。转移成本在网络业中很明显，例如本书通过抽样调查的经验估计得到转换银行的成本可达到平均账户余额的 5% 左右。如果存在转移成本，那么称用户被"锁定"了，用户被锁定的程度可以通过转移成本的大小来确定。

(3) 兼容性。网络产品的消费通常不是单个产品，而是一个系统。两种网络产品能在一起工作就是兼容的，否则，就是不兼

---

① 奥兹·伊：《网络产业经济学》，上海财经大学出版社，2002 年。

容的。例如构成网络的基本单元——计算机硬件中的处理器芯片、存储器芯片、底板、各类扩充板卡、机箱、键盘、鼠标器、打印机、硬盘等通常都是兼容的。

（4）规模经济性。例如计算机软件产品具有一个非常显著的生产特点：生产第一件产品需要巨大的沉没成本（不能收回的成本），而第二件产品的生产成本很小，第三、第四以至第 n 件的生产成本依次更小。又如开发软件的成本包括数千小时的编程，然而在互联网上分销软件的成本几乎为零。因此，很高的固定成本加上几乎可以忽略不计的边际成本意味着平均成本随着出售给消费者的产品数量的增加而急剧下降，这表明网络产品与服务具有规模经济的特征。

2.1.2 兼容性

【定义 2-1】

两台机器可以在一起工作就是兼容的，否则，机器就是不兼容的。

两个机器可以或不可以在一起工作的原因有很多种，因此必须清楚所指的机器"能在一起工作"的真正含义。它指的是机器是可以完全替代或是像软件和互联网那样互补。

下面的三个注释表明，在计算机产业中实现兼容性（或不兼容性）具有难度。

（1）两台计算机可以使用同一软件的话，可以称之为兼容。更精确地说，兼容性意味着为某一机器编写的软件包能在其他不同品牌的机器上运行，反之亦然。由于它一般要求两台机器使用同一操作系统运行，所以该定义是相当严格的。

（2）对兼容性较宽松的定义是：如果由某台机器上的运行软件产生的文档可由另一品牌机器上的运行软件读写或处理，就称两台机器是兼容的。

（3）对兼容性的另一较宽松的定义为：如果两台机器能与相同的存储装置、打印机等相连接，就称这两台机器是兼容的。

上述注释表明,定义兼容性的困难主要在于存在着不同程度的兼容性这一事实。例如,一个计算机品牌可能仅能运行为另一品牌计算机设计的小部分软件。另外,随着因特网的普及,大多数机器可以连接相同的因特网地址(运行 HTML,Acrobat 和 JAVA 等语言),这使得它们即使在不同的操作系统下也具有一定的兼容性。

因此需要对不同类型的兼容性做更精确的定义。

【定义 2-2】

① 计算机硬件品牌使用相同的操作系统时称之为完全兼容。在这种情况下,品牌商品按照同样标准运行。

② 如果新型号与老型号相兼容,就说品牌是向下兼容的。反之,则是向上兼容。

③ 如果一台机器可以识别由另一机器产生的文档,反之却不可以的话,就称品牌商品是单向兼容的。

2.1.3 网络外部性和社会福利

所有计算机用户都认为兼容性是很受欢迎的性能。在决定购买何种类型 PC 机时,兼容性是仅次于价格的第二大因素。例如,在 20 世纪 90 年代中期,世界上 95% 的 PC 机都是由视窗 Windows 操作系统操作的。由单一操作系统占主导地位的情况在其他产业没有同例可寻,这反映了如下事实:在 PC 市场上,消费者对兼容性的重视程度高于其他产业。例如,在汽车市场上,没有一家汽车生产商比硬件厂商占有更高的市场份额(硬件厂商近乎是独占垄断)。

【定义 2-3】

如果每个消费者的效用随购买相同或兼容品牌的消费者总数的增加而提高,或者消费者的效用随消费者所购机器的兼容性程度和与他们互联的其他人所使用的机器的兼容性程度增加而

增加，就称消费者偏好呈现网络外部性①。

社会福利是消费者效用和垄断厂商利润的总和。当社会福利最大化的社会计划者的选择与厂商、消费者的选择一致时，不存在市场失灵，否则认为存在市场失灵。

2.2 博弈理论

近 20 年来，博弈论在经济学的研究和应用中越来越受到重视，已成为当代经济理论发展的主流方向。据统计，近年国际上各类经济学文献中出现频率最高的关键词就是博弈论。1994 年度诺贝经济学奖授予三位博弈论专家纳什（Nash）、泽尔腾（Selten）、海萨尼（Hursunni）。1996 年度诺贝经济学奖授予对博弈论应用作出了重要贡献的莫里斯（Mirrlees）、维克瑞（Vickery）。2001 年度诺贝经济学奖授予对与博弈论密不可分的信息作出重要贡献的阿克洛夫（Akerlof）、斯宾（Spence）、斯蒂格里兹（Stigliz）三人。对一门学科给予如此高的褒奖，这在人类科学史上是罕见的。这表明了博弈论这门学科在经济、管理学中占有极其重要的理论地位②。这里将定价分析中用到的博弈论中的基本概念、四种均衡解做一个简要阐述。

（1）博弈论的基本概念

① 参与者是博弈问题中的决策主体。说明如下：

a. 参与者又称为局中人，记为（自然人、企业、国家）。

b. 参与者是理性的：一是具有推理能力，二是遵守游戏竞争规则，三是都遵循争取自身效用最大化。

c. 虚拟参与者——自然（记为 N），N 的不同状态影响参与

---

① Katz M, Shapiro C. Product Introduction with Network Effects. *Journal of Industrial Economics*, 1992, 40.

② 李光久：《博弈论基础教程》，化学工业出版社，2005 年。

者收益,其本身不涉及收益问题。

② 信息

信息是指参与者在博弈过程中能了解或观察到的知识。知识包括了自然 N 的不同状态及其影响、竞争对手可采取的行动和各个参与者行动的组合产生的效果。具体说明如下:

a. 应注意到"参与者知道某种信息"也是一个信息。

b. 共同知识是指"所有参与者都知道,所有参与者知道所有参与者都知道⋯⋯"的知识。

c. 完全信息是指"所有参与者各自选择的不同的行动组合产生各个参与者的效用是所有参与者的共同知识"。简单地说,完全信息是指参与者对博弈的格局完全了解。

d. 不完全信息是指参与者对博弈的格局不完全了解,尤其是对效用不完全了解。

③ 战略

战略是指参与者针对其他参与者选择行动后对自身行动的安排。简言之,战略是参与者相机行事的行动方案。具体说明如下:

a. 博弈规定参与者同时行动,战略与行动是等同的概念。

b. 博弈规定参与者行动有先后次序,且后行动者可以观察先行者的行动,这时战略为参与者行动的组合(安排)。

c. s_i 表示参与者 i 的战略,S_i 表示参与者 i 的战略空间,$S=(s_1,s_2,\cdots,s_n)$ 表示 n 个参与者的战略组合。

④ 收益

在一个特定的战略组合 $S=(s_1,s_2,\cdots,s_n)$ 下,参与者 i 得到的效用(或期望效用),通常记为 $u_1=u_1(s_1,s_2,\cdots,s_n)$ $(i=1,2,\cdots,n)$。具体说明如下:

a. 收益(效用)表示参与者的得失、输赢,但一定要量化。

b. 收益 u_1 是战略组合的函数。

c. 当自然 N 以一定的概率分布选择不同的状态,这时收益表现为期望收益。

（2）博弈论的四种均衡

① 完全信息静态纳什均衡

假设所有参与者的最优的战略组合，记为 $S^* = (s_1^*, s_2^*, \cdots, s_n^*)$。如果 S_i^* 是参与者 i 的最优战略，那么 $u_i(s_1^*, \cdots, s_{i-1}^*, s_i^*, s_{i+1}^*, \cdots, s_n^*) \geqslant u_i(S_1^*, \cdots, S_{i-1}^*, S_i, S_{i+1}^*, \cdots, S_n^*)$ 对 $i=1,2,\cdots,n$ 也成立以及 $\forall s_i \in S_i$ 成立，该战略组合称为完全信息静态纳什均衡。参与者都遵守均衡结果 S^*，谁偏离 S^*，谁的收益只能降低。S^* 是一个共赢的结构。

② 不完全信息静态纳什均衡

假设在一个有 n 个参与者参加的博弈中，参与者的类型空间为 $T_1 T_2, \cdots, T_n$；推断为 $P_1, \cdots, P_n$；依赖类型的行动空间为 $A_1(t_1), A_2(t_2), \cdots, A_n(t_n)$ 以及依赖类型的收益函数为 $u_1(a_1, a_2, \cdots, a_n, t_1, \cdots, t_n), \cdots, u_n(a_1, \cdots, a_n, t_1, \cdots, t_n)$。不完全信息静态博弈中，战略组合为 $G = \{A_1, A_2, \cdots, A_n; T_1 T_2, \cdots, T_n; P_1, P_2, \cdots, P_n; U_1, U_2, \cdots, U_n\} a^* = [a_1^*(t_1), a_2^*(t_2), \cdots, a_n^*(t_n)]$ 是一个纯战略的贝叶斯均衡，如果对每一个参与者 i 及每一个类型 $t_i \in T_i, a_i^*(t_i)$ 是下述极大化的解：

$$\max \sum P\left(\frac{t_{-i}}{t_i}\right) u_i [a_1^*(t_1), \cdots, a_{i-1}^*(t_{i-1}), a_i(t_i), a_{i+1}^*(t_{i+1}), \cdots, a_n^*(t_n)]$$

$$t_i \in T_i, t_{-i} \in T_{-i}, i=1,2,\cdots,n, a(t_i) \in A_i(t_i)$$

③ 子博弈精炼纳什均衡

扩展式表述的是博弈 G 的一个战略组合 $s^* = (s_1^*, \cdots, s_n^*)$，称为子博弈精炼纳什均衡，其条件是：

a. s^* 是原博弈 G 的每一个纳什均衡。

b. 在 G 所有子博弈上 s^* 对应的战略组合也构成纳什均衡。

需要注意的是：静态博弈无子博弈谈不上子博弈精炼和要找出子博弈精炼纳什均衡，从 G 中的所有 NE 中通过子博弈逐一去精炼。

④ 防降价均衡

在一个防降价均衡里,每个厂商根据利润最大化来制定一个较低的产品价格,该价格低得足以阻止任何竞争对手通过设置更低的价格达到挖走其全部客户的目的,并使后者无利可图。与纳什均衡中每个厂商都假定竞争对手不会改变定价行动不同,在防降价均衡下,每个厂商都假定竞争对手经验丰富,只要采取更低的价格吸引竞争对手的客户的做法有利可图,他们就会降低产品价格。

考虑一个由两个厂商即厂商 A 和厂商 B 组成的市场,它们分别销售不同品牌的商品,假定生产成本为零,消费者分为两类——A 类消费者(品牌 A 导向的消费者)和 B 类消费者(品牌 B 导向的消费者)。A 类消费者的数量为 $\eta_A > 0$,B 类消费者的数量为 $\eta_B > 0$。

每个消费者可从 A 厂商或 B 厂商处购买一单位的商品,令 p_A 和 p_B 表示两厂商的商品定价,令 $\delta \geqslant 0$ 表示消费者购买了不太喜欢的品牌所承担的额外厌恶成本。总之,假定 A 类消费者和 B 类消费者有如下效用函数:

$$U_A{}^{\text{def}} = \begin{cases} -p_A & \text{从厂商 A 购买} \\ p_B - \delta & \text{从厂商 B 购买} \end{cases}$$

和 (2-1)

$$U_B{}^{\text{def}} = \begin{cases} -p_A - \delta & \text{从厂商 A 购买} \\ -p_B & \text{从厂商 B 购买} \end{cases}$$

令 q_A 表示从厂商 A 处购买商品的消费者数量,q_B 表示从厂商 B 购买商品的消费者数量(外生给定)。那么公式(2-1)意味着:

$$q_A = \begin{cases} 0 & p_A > p_B + \delta \\ \eta_A & p_B - \delta \leqslant p_A \leqslant p_B + \delta \\ \eta_A + \eta_B & p_A < p_B - \delta \end{cases}$$

和 (2-2)

$$q_B = \begin{cases} 0 & p_B > p_A + \delta \\ \eta_B & p_A - \delta \leqslant p_B \leqslant p_A + \delta \\ \eta_A + \eta_B & p_B < p_A - \delta \end{cases}$$

【定义 2-4】

当 $p_i \leqslant p_j - \delta$ 时 $(i, j = A, B$ 且 $i \neq j)$，厂商 i 对厂商 j 降价。

这样，当厂商 i 把其商品价格降至竞争对手的商品价格减去运输成本的差额之下时，降价就出现了。因此，在某种意义上，降价的出现意味着某个厂商"补贴"了运输成本。

防降价均衡定义如下：

【定义 2-5】

防降价均衡指的是这样一组价格数对 (p_A^U, p_B^U)，它满足：

① 对于给定的 p_B^U 和 q_B^U，厂商 A 在：

$$\pi_B^U = p_B^U q_B^U \geqslant (p_A - \delta)(\eta_A + \eta_B)$$

的约束下选择最高价格 p_A^U；

② 对于给定的 p_A^U 和 q_A^U，厂商 B 在：

$$\pi_A^U = p_A^U q_A^U \geqslant (p_B - \delta)(\eta_A + \eta_B)$$

的约束下选择最高价格 p_B^U。

消费者在两个厂商之间的数量分布由公式(2-2)决定。

2.3 博弈理论对网络产品与服务的定价优势

(1) 博弈理论中的效用是分析决策主体行为的出发点

效用是人们对于一件（或者一组）物品的满足程度的度量。效用可以用可度量的数字和函数来表达[①]。效用按照结果的确定程度可以分为确定性的效用和不确定性的期望效用，效用按照决策的主体分为消费者效用、生产者效用（通常是指厂商的利润）

---

① 冯·诺依曼：《博弈论与经济行为》，上海三联出版社，2004 年。

和政府的效用(社会利益)①。本书的需求函数都是从消费者的效用函数计算出来，不同的效用函数导致不同的需求函数。

(2)博弈理论中的均衡方法是分析不完全竞争市场的产品定价的有力工具

在完全竞争市场中，厂商只是价格的接受者，对市场价格没有任何影响力，因此厂商只要控制生产成本，并且按照使得边际成本等于市场价格的原则进行生产即可。通常网络产品(服务)是一个不完全竞争的市场，厂商和消费者都具有一定的市场力量时，而博弈的均衡方法可以很好地分析市场价格的形成。完全垄断、寡头垄断和垄断竞争的厂商可以影响市场价格，只是程度大小不同而已。寡头垄断和垄断竞争的厂商不是价格的接受者，但也不是完全决定市场价格，而完全垄断中的厂商除了要考虑生产成本外，还必须考虑如何对产品定价，以攫取更多的消费者剩余，实现其利润最大化。

(3)博弈理论中不完全信息纳什均衡可以很好地解决定价中的信息不对称问题

网络产品(服务)买方和卖方如何签订最优定价合约完成交易是一个复杂的过程。双方存在信息不对称，可以运用博弈的不完全信息纳什均衡，根据不对称的程度，设计最优合约②。

(4)博弈理论中的防降价均衡可以更好地针对某些差异不大的网络产品(服务)的定价

某些网络产品(服务)除了价格以外，其他方面的差异不大或者消费者感觉不到差异，价格的竞争就非常激烈，可以用防降价均衡方法分析每个厂商如何根据利润最大化来制定一个较低的产品价格，该价格低得足以阻止任何竞争对手通过设置更低的价格达到挖走其全部客户的目的，并使后者无利可图。

---

① 平新乔：《微观经济学十八讲》，北京大学出版社，2006年。
② 乌家培：《信息经济学》，高等教育出版社，2006年。

3 基于兼容性的计算机硬件产品定价研究

计算机硬件(Hardware)是计算机系统中所有物理装置的总称。从计算机的组成上来讲,计算机硬件包括计算机的处理器芯片、存储器芯片、底板、各类扩充板卡、机箱、键盘、鼠标器、打印机、硬盘等。从计算机的功能上来讲,它主要包括中央处理器(CPU)、内存储器、外存储器、输入设备和输出设备等,它们通过总线互相连接。一般来说,硬件的配置档次越高,硬件特性体现越强,表明它对软件的支持越强,性能价格比越高,其可用性、可靠性、兼容性和可维护性就越好[①]。

本章首先从网络外部效果和转移成本角度出发,主要研究兼容性如何影响价格、利润、消费者效用和社会福利。上述研究主要集中在独占垄断、双寡头结构和互补产品三种类型的硬件市场。

3.1 独占垄断硬件厂商的定价研究

3.1.1 独占垄断厂商向同质消费者销售单一品牌

在仅有一个品牌的市场上,兼容性对垄断厂商也有价值。因为如果市场上仅有一个品牌,那么所有的计算机运行同样的操作系统,所以计算机都是兼容的。然而,即使所有的机器都运行相同的操作系统,也只有在机器可经由电缆(直接或通过因特网)连接到通讯端口,或经储存介质如硬盘和软盘而连接在一起时,才

---

① 张福炎:《信息技术教程》,南京大学出版社,2006年。

能认为具有兼容性。为使分析更具有一般性,这里将此装置定义为 USB 接口。这样,在独占垄断的情况下,将计算机的兼容性特征视为安装 USB 接口,它使得两台机器连接在一起工作。显然,安装 USB 接口增加了计算机的生产成本,所以计算机生产商经常认为安装 USB 接口无利可图。

假设有 η 个完全相同的计算机用户容量,每个消费者至多购买一台电脑,他们都重视兼容性。用 $q \geqslant 0$ 表示独占厂商的预计销售数量,q' 表示计算机购买者的实际数量,用 p 表示计算机价格,则每个消费者的效用函数可表示如下:

$$U = \begin{cases} \beta - bp + \alpha q' & \text{安装 USB 接口} \\ \beta - bp & \text{不安装 USB 接口} \\ 0 & \text{不购买计算机} \end{cases} \quad (3\text{-}1)$$

其中:$\beta > 0$ 为每个消费者在不考虑兼容性条件下使用计算机而得到的"基本"效用;参数 $b > 0$,表示在不安装 USB 接口的条件下,消费者的效用与价格成反向变动;参数 α(乘以计算机用户总数)测定兼容性的重要程度;乘积 $\alpha q'$(从网络外部性中得到的效用)测定从安装了 USB 接口的机器中所得到的总效用;$q' = \eta - ap(a > 0)$ 表示市场上售出的机器数量与需求价格成反向变动。

【假设 3-1】

垄断计算机厂商只生产一种型号的计算机,即要么附带 USB 接口,要么不带 USB 接口,不可能同时生产两类计算机。

假设 3-1 反映的是机器在单一装配线上生产,因此,产品不能分解为两种型号的机器。应该指出的是,提供兼容性不仅仅是附加 USB 接口。因此,把机器从不兼容转变到可兼容是不可能的。

用 μ_c 表示安装了 USB 接口后的机器的单位生产成本,此时,机器因通过 USB 接口与其他机器连接而具有兼容性。另外,用 μ_n 表示无兼容特性机器的单位成本。则假设 $\mu_c \geqslant \mu_n \geqslant 0$,这意味着 USB 接口的生产是昂贵的。如果垄断厂商生产了 q 单位机

器,其产品的总成本由式(3-2)给出:

$$TC(q) = \begin{cases} \mu_c q & \text{生产兼容机} \\ \mu_n q & \text{生产不兼容机} \end{cases} \tag{3-2}$$

假设厂商以分为三个连续阶段的方式作博弈决策:

阶段 I(设计):当设计计算机时,厂商根据每台机器安装 USB 接口所需的额外成本 $\mu_c - \mu_n$ 的大小来决定是否使机器与其他机器兼容或不兼容。

阶段 II(定价):机器的设计由上面给定,厂商选择单一价格 p。

阶段 III(消费者):每个消费者决定是否购买机器。做此决定时,每个消费者把计算机用户的总数 q 看做固定常数。选购者做好购买决策后,垄断厂商获得收益并实现利润。

其中垄断厂商参与第一和第二阶段博弈,而消费者仅参与第三阶段博弈。下面用逆向归纳法求解该问题:

阶段 III:消费者的购买决定

在这一阶段,每个消费者观察三个变量:① 厂商是否安装了 USB 接口(即市场中出售的机器是否能与其他机器兼容);② 价格 p;③ 购买计算机的消费者预计人数 q。

首先,假设计算机不兼容,则(3-1)意味着购买者的总人数为:

$$q = \begin{cases} \eta, & p \leqslant \dfrac{\beta}{b} \\ 0, & p > \dfrac{\beta}{b} \end{cases} \tag{3-3}$$

【假设 3-2】

如果消费者对购买与否无差异时,那么预计他会购买机器。

现在,假设垄断厂商在每台机器上都安装了 USB 接口,因而使所有机器都是可兼容的。则式(3-1)表明预计购买者的总人数为:

$$q=\begin{cases} \eta, & p\leqslant\dfrac{\beta+\alpha\eta}{a\alpha+b} \\[2mm] 0, & p>\dfrac{\beta+\alpha\eta}{a\alpha+b} \end{cases} \tag{3-4}$$

阶段Ⅱ：垄断厂商定价

在这一阶段，独占垄断厂商在消费者需求函数约束下选择一个利润最大化价格。如果机器不兼容的话，其消费者需求函数为式(3-3)；如果机器兼容，则为式(3-4)。

如果机器不兼容，由式(3-3)可知，垄断厂商利润最大化价格为 $p=\dfrac{\beta}{b}$，总利润为：

$$\pi_n=\left(\dfrac{\beta}{b}-\mu_n\right)\eta \tag{3-5}$$

如果机器兼容，由式(3-4)，以价格表示的垄断厂商的总利润为：

$$\pi_c=\left(\dfrac{\beta+\alpha\eta}{a\alpha+b}-\mu_c\right)\eta \tag{3-6}$$

阶段Ⅰ：垄断厂商兼容性决策

在此阶段，垄断厂商决定如何设计其机器，并且知道安装兼容USB接口将使生产成本增加 $\Delta\mu=\mu_c-\mu_n$，同时也可把价格再提高 $\alpha q'$。

为制定兼容性决策，垄断厂商仅需对比式(3-5)和式(3-6)。如果：

$$\left(\dfrac{\beta+\alpha\eta}{a\alpha+b}-\mu_c\right)\eta\geqslant\left(\dfrac{\beta}{b}-\mu_n\right)\eta \tag{3-7}$$

垄断厂商将生产兼容机。不等式(3-7)表明网络外部性参数 α 的增加或消费者人数的增加将增大参数值，此时垄断厂商将选择设计兼容性。最后，不等式(3-7)可简化为：

$$\Delta\mu=\mu_c-\mu_n\leqslant\dfrac{b\alpha\eta-\beta a\alpha}{b(a\alpha+b)} \tag{3-8}$$

式(3-8)的含义是如果成本差异不超过从兼容性中获得的收

益,生产兼容机器就有利可图。

下面分析说明垄断厂商的决策与社会的最优选择是否一致的问题:

首先,根据定义的社会福利函数,$W = \eta U + \pi$。

然后,如果社会计划者决定生产不兼容的机器,则社会福利由下式给出:

$$W_n = \eta U + \pi = \eta(\beta - bp) + \eta(p - \mu_n)$$
$$= \eta(\beta - \mu_n) + \eta(1 - b)p \qquad (3\text{-}9)$$

如果社会计划者设计可兼容机器,则社会福利由下式给出:

$$W_c = \eta U + \pi = \eta(\beta - bp + \alpha q') + \eta(p - \mu_c)$$
$$= \eta(\beta + \alpha\eta - \mu_c) + \eta(1 - b)p \qquad (3\text{-}10)$$

对比式(3-9)和式(3-10)得出:如果

$$\Delta\mu = \mu_c - \mu_n \leqslant \alpha\eta - a\alpha p = \alpha q' \qquad (3\text{-}11)$$

则兼容性为社会所偏好。

根据式(3-8)和式(3-11),可得命题 3-1。

【命题 3-1】

当且仅当厂商制订的价格 $\dfrac{ba\eta - \beta a\alpha}{b(a\alpha + b)} \leqslant \alpha q'$ 时,社会计划者的选择和独占垄断厂商的选择一致,即向同质消费者出售计算机时将安装兼容 USB 接口。独占垄断厂商安装兼容 USB 接口是因为垄断厂商运用价格机制榨取超额的剩余,但是在选择兼容性方面,它解决问题的方法与社会计划者一致。

3.1.2 独占垄断厂商向异质消费者销售单一品牌

只有一家计算机硬件厂商的市场,生产厂商向异质消费者出售产品,消费者间的差别仅表现在效用函数的不同。

将 2η 个潜在计算机用户分成两组:一组重视兼容性,另一组则独立工作不需要兼容性,即使安装了 USB 接口也不使用这些兼容性特征。因此,潜在消费者包括了重视兼容性的 η(类型 c)消费者和不重视兼容性的 η(类型 n)消费者。

每个消费者最多购买一台计算机。用 $q' \geqslant 0$ 表示垄断厂商的售出数量,则两类消费者的效用函数可以用(3-12)表示。

$$U_c = \begin{cases} \beta - bp + \alpha q' & \text{安装连接器} \\ \beta - bp & \text{不安装连接器} \\ 0 & \text{不购买计算机} \end{cases}$$

和　　　　　　　　　　　　　　　　　　　　　　　　　　　　(3-12)

$$U_n = \begin{cases} \beta - bp & \text{购买任一机器} \\ 0 & \text{不购买计算机} \end{cases}$$

其中参数的含义与式(3-1)相同,$\dfrac{\beta}{b} \leqslant \dfrac{\beta + \alpha\eta}{b + a\alpha}$。用博弈的逆向归纳求解顺序如下:

阶段Ⅲ:消费者的购买决策

首先,假定生产的计算机不兼容,则式(3-12)表明购买者的总人数为:

$$q = \begin{cases} 2\eta, & p \leqslant \dfrac{\beta}{b} \\ 0, & p \geqslant \dfrac{\beta}{b} \end{cases} \tag{3-13}$$

其次,假定垄断厂商在每台机器上都安装 USB 接口,即令所有的机器皆有可兼容性,则式(3-12)表明购买者总人数为:

$$q = \begin{cases} 2\eta, & p \leqslant \dfrac{\beta}{b} \\ \eta, & \dfrac{\beta}{b} \leqslant p \leqslant \dfrac{\beta + \alpha\eta}{a\alpha + b} \\ 0, & p \geqslant \dfrac{\beta + \alpha\eta}{a\alpha + b} \end{cases} \tag{3-14}$$

阶段Ⅱ:垄断厂商定价

在该阶段,垄断厂商在消费者需求函数约束下选择一个利润最大化价格,如果机器不兼容,该消费者需求函数为式(3-13);如果机器兼容,则消费者需求函数为式(3-14)。

如果机器不兼容，由式（3-13），垄断厂商的利润最大化价格为 $p = \dfrac{\beta}{b}$，厂商利润为：

$$\pi_n = \left(\frac{\beta}{b} - \mu_n\right) 2\eta \tag{3-15}$$

如果机器兼容，由式（3-14），垄断厂商的利润可以表示为：

$$\pi_c = \begin{cases} \left(\dfrac{\beta + \alpha\eta}{a\alpha + b} - \mu_c\right)\eta & \text{如果 } p = \dfrac{\beta + \alpha\eta}{a\alpha + b} \\[3mm] \left(\dfrac{\beta}{b} - \mu_c\right) 2\eta & \text{如果 } p = \dfrac{\beta}{b} \end{cases} \tag{3-16}$$

阶段 I：垄断厂商兼容性决策

在该阶段中，该厂商知道安装兼容性 USB 接口将增加 $\Delta\mu = \mu_c - \mu_n$ 的生产成本。

对比式（3-15）和式（3-16）的第二部分可知，如果不要求消费者为 USB 接口支付费用，那么投资于兼容性没有任何意义，垄断厂商也决不会把机器设计成可兼容的，且定价仅为 $p = \dfrac{\beta}{b}$。因此，在做兼容性决策时，垄断厂商仅需将式（3-15）和式（3-16）相比。如果：

$$\left(\frac{\beta + \alpha\eta}{a\alpha + b} - \mu_c\right)\eta \geqslant \left(\frac{\beta}{b} - \mu_n\right) 2\eta \tag{3-17}$$

垄断厂商会生产可兼容机器。

不等式（3-17）意味着网络外部性参数 α 的增加将会增大垄断厂商选择设计可兼容机器的参数范围。最后，不等式（3-17）可简化为：

$$\mu_c \leqslant \frac{b\alpha\eta - (2a\alpha + b)\beta}{(a\alpha + b)b} + 2\mu_n \tag{3-18}$$

式（3-18）意味着，如果生产兼容机的成本不超过从因消费者追求兼容性致使价格提高中得到的收入，再加上两倍的因不生产不兼容机的"节省"，则兼容性是有利可图的。

下面通过分析说明垄断厂商是否存在市场失灵问题：

垄断厂商是否存在通过过量供应 USB 接口或者 USB 接口

供应不足来降低社会福利。如果社会计划者决定生产不兼容机器，则社会福利由下式给出：

$$W_n = \eta U_c + \eta U_n + \pi$$
$$= \eta(\beta - bp) + \eta(\beta - bp) + 2\eta(p - \mu_n)$$
$$= 2\eta(\beta - \mu_n) + 2\eta p(1 - b) \tag{3-19}$$

如果社会计划者决定生产兼容机器，并向消费者出售，则社会福利：

$$W_c = \eta U_c + \eta U_n + \pi$$
$$= \eta(\beta - bp + \alpha q') + \eta(\beta - bp) + 2\eta(p - \mu_c)$$
$$= 2\eta(\beta + \alpha\eta - \mu_c) + 2\eta p(1 - b) \tag{3-20}$$

对比式(3-19)和式(3-20)可以得出兼容性为社会所偏好，条件是：

$$\mu_c \leqslant \alpha\eta + \mu_n - p\frac{\alpha\eta}{2} \tag{3-21}$$

现将式(3-18)和式(3-21)中给出的条件绘于图3-1中。在

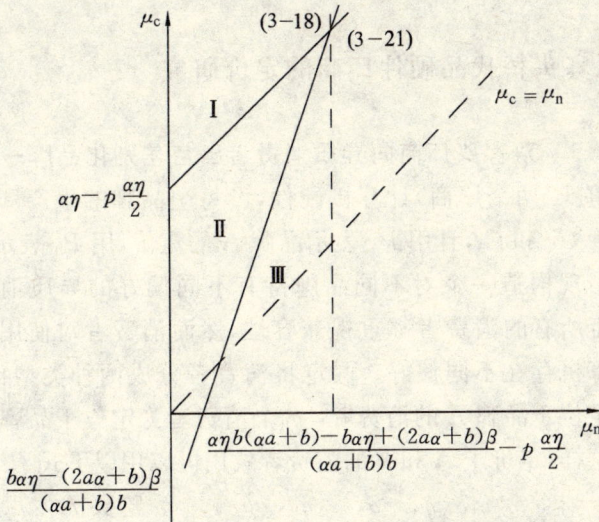

图 3-1　社会计划者和垄断厂商选择兼容情况

图 3-1 将 $\mu_n-\mu_c$ 空间分为三个区域:在区域 I,与不兼容机器相比,生产可兼容机器的单位成本是非常高的,因此社会计划者和垄断厂商都选择不兼容;区域 III 则正好完全相反,生产可兼容机器的单位成本并不是很高,社会计划者和垄断厂商都选择兼容性。相比之下,区域 II 则描绘出市场失灵发生时的参数范围,这是因为尽管兼容性为社会最优选择,但是垄断厂商却选择生产不兼容机器。

【命题 3-2】

当消费者为异质时,尽管社会偏好兼容性,但是由于垄断厂商不生产兼容机器,此时就会发生生产失灵。

出现市场失灵的原因在于垄断厂商不能对两组消费者实行差别定价,是由于垄断厂商不能识别每个消费者的准确类型,垄断厂商无法向那些不重视兼容性的消费者收取价格 $\frac{\beta}{b}$,也无法向重视兼容性的消费者收取价格 $\frac{\beta+\alpha\eta}{\alpha a+b}$。

3.2 双寡头替代品硬件厂商的定价研究

3.2.1 双寡头厂商向异质消费者出售差别化品牌一般模型

双寡头(两个厂商)计算机硬件,设每个品牌的生产厂商的单位成本为 C_A 和 C_B,且用 P_A 表示品牌 A 的定价,用 P_B 表示品牌 B 的定价。现构造一个对不同品牌持有不同偏好的异质消费者模型。假定所有的消费者都重视兼容性,然而消费者对使用不同品牌的计算机存在不同偏好。假定将消费者分成两种类型:η_A 个消费者为定位于品牌 A 的消费者,η_B 个消费者为定位于品牌 B 的消费者。这样,定价于 A 和 B 的消费者效用可以用以下式子给出:

$$U_A = \begin{cases} \alpha_A \eta_A + \alpha_A r_{AB} \eta_B - p_A & \text{购买 A} \\ \alpha_A \eta_B + \alpha_A r_{BA} \eta_A - p_B - \delta_A & \text{购买 B} \end{cases} \quad (3\text{-}22)$$

和

$$U_B = \begin{cases} \alpha_B \eta_A + \alpha_B r_{AB} \eta_B - p_A - \delta_B & \text{购买 A} \\ \alpha_B \eta_B + \alpha_B r_{BA} \eta_A - p_B & \text{购买 B} \end{cases} \quad (3\text{-}23)$$

其中，α_A 和 α_B 分别为消费者 A 和消费者 B 的网络规模效应系数；r_{AB} 代表 B 与 A 的兼容程度的系数，取值范围在 $[0,1]$ 之间；r_{BA} 代表 A 与 B 的兼容程度的系数，取值范围在 $[0,1]$ 之间；P_A 和 P_B 分别为消费者购买产品 A 与 B 的价格；δ_A 和 δ_B 分别表示品牌 A 的消费者购买产品 B 的转移成本与品牌 B 的消费者购买产品 A 的转移成本。要使消费者 A 定位于产品 A，而不购买产品 B，必须让式(3-22)满足下列条件：

$$\alpha_A q_A + \alpha_A r_{AB} \eta_B - p_A \geqslant \alpha_A \eta_B + \alpha_A \eta_A - p_B - \delta_A$$

可以得到：

$$p_B \geqslant p_A - \delta_A + \alpha_A \eta_B - \alpha_A r_{AB} \eta_B \quad (3\text{-}24)$$

企业 B 为了防止降价获取更大利润，必须满足：

$$(p_B - C_B)\eta_B \geqslant (p_A - \delta_A + \alpha_A \eta_B - \alpha_A r_{AB} \eta_B - C_B)(\eta_A + \eta_B)$$
$$(3\text{-}25)$$

其中 C_B 为生产厂商 B 的单位生产成本。

同理企业 A 为了防止降价获取更大利润，也必须满足：

$$(p_A - C_A)\eta_A \geqslant (p_B - \delta_B + \alpha_B \eta_A - \alpha_B r_{BA} \eta_A - C_A)(\eta_A + \eta_B)$$
$$(3\text{-}26)$$

其中 C_A 为生产厂商 A 的单位生产成本。

对式(3-25)和式(3-26)分别取等号可得下式：

$$(p_B - C_B)\eta_B = (p_A - \delta_A + \alpha_A \eta_B - \alpha_A r_{AB} \eta_B - C_B)(\eta_A + \eta_B) \quad (3\text{-}27)$$
$$(p_A - C_A)\eta_A = (p_B - \delta_B + \alpha_B \eta_A - \alpha_B r_{BA} \eta_A - C_A)(\eta_A + \eta_B) \quad (3\text{-}28)$$

可令：

$$n = (\delta_A - \alpha_A \eta_B + \alpha_A r_{AB} \eta_B + C_B)(\eta_A + \eta_B) - C_B \eta_B$$

$$m = (-\delta_B + \alpha_B \eta_A - \alpha_B r_{BA} \eta_A - C_A)(\eta_A + \eta_B) + C_A \eta_A$$

式(3-27)和式(3-28)可转化为下式：

$$p_A(\eta_A+\eta_B)-P_B\eta_B=n \qquad (3-29)$$

$$p_A\eta_A-P_B(\eta_A+\eta_B)=m \qquad (3-30)$$

根据式(3-29)和式(3-30)可以解出：

$$P_A=\frac{n(\eta_A+\eta_B)-m\eta_B}{\eta_A^2+\eta_B^2+\eta_A\eta_B}$$

$$P_B=\frac{n\eta_A-m(\eta_A+\eta_B)}{\eta_A^2+\eta_B^2+\eta_A\eta_B}$$

厂商 A 的利润为：

$$\pi_A=(P_A-C_A)\eta_A$$
$$=\frac{n(\eta_A+\eta_B)-m\eta_B-C_A(\eta_A^2+\eta_B^2+\eta_A\eta_B)}{\eta_A^2+\eta_B^2+\eta_A\eta_B}\eta_A$$

厂商 B 的利润为：

$$\pi_B=(P_B-C_B)\eta_B$$
$$=\frac{n\eta_A-m(\eta_A+\eta_B)-C_B(\eta_A^2+\eta_B^2+\eta_A\eta_B)}{\eta_A^2+\eta_B^2+\eta_A\eta_B}\eta_B$$

消费者 A 的效用为：

$$u_A=\alpha_A\eta_A+\alpha_A r_{AB}\eta_B-\frac{n(\eta_A+\eta_B)-m\eta_B}{\eta_A^2+\eta_B^2+\eta_A\eta_B}$$

消费者 B 的效用为：

$$u_B=\alpha_B\eta_B+\alpha_B r_{BA}\eta_A-\frac{n\eta_A-m(\eta_A+\eta_B)}{\eta_A^2+\eta_B^2+\eta_A\eta_B}$$

根据定义，社会福利函数 $W=\eta_A u_A+\eta_B u_B+\pi_A+\pi_B$，将厂商的总利润和消费者的总效用代入可得：

$$W=\eta_A u_A+\eta_B u_B+\pi_A+\pi_B$$
$$=\alpha_A\eta_A^2+\alpha_A r_{AB}\eta_A\eta_B+$$
$$\alpha_B\eta_B^2+\alpha_B r_{BA}\eta_A\eta_B-C_A-C_B$$

根据计算的社会福利的表达式可得下列结论：

网络规模效应系数 α_A 和 α_B 的增大，将导致 W 增大；兼容程度系数 r_{AB} 和 r_{BA} 的增大，也将导致 W 增大；消费者人数 η_A 和 η_B 增加，将导致 W 增大；C_A 和 C_B 的增加，将导致 W 减小。

3.2.2 三种关于兼容性特殊模型的计算及结论

为了便于分析问题,假定 $\eta_A = \eta_B = \eta, \delta_A = \delta_B = \delta$,其他字母含义同前。

（1）完全不兼容模型的计算及结论

完全不兼容即可以表示为 $r_{AB} = 0$ 且 $r_{BA} = 0$。式（3-22）和式（3-23）可以转化为:

$$U_A = \begin{cases} \alpha_A \eta_A - P_A & \text{购买 A} \\ \alpha_A \eta_B - P_B - \delta_A & \text{购买 B} \end{cases} \tag{3-31}$$

$$U_B = \begin{cases} \alpha_B \eta_A - P_A - \delta_B & \text{购买 A} \\ \alpha_A \eta_B - P_B & \text{购买 B} \end{cases} \tag{3-32}$$

式（3-27）和式（3-28）可以转化为:

$$(p_B - C_B)\eta = (p_A - \delta + \alpha_A \eta - C_B)2\eta \tag{3-33}$$

$$(p_A - C_A)\eta = (p_B - \delta + \alpha_B \eta - C_A)2\eta \tag{3-34}$$

求解可以得到:

$$P_A = 2\delta - \frac{4}{3}\alpha_A \eta - \frac{2}{3}\alpha_B \eta + \frac{2}{3}C_B + \frac{1}{3}C_A \tag{3-35}$$

$$P_B = 2\delta - \frac{4}{3}\alpha_B \eta - \frac{2}{3}\alpha_A \eta + \frac{2}{3}C_A + \frac{1}{3}C_B \tag{3-36}$$

$$\pi_A = (P_A - C_A)\eta$$
$$= \left(2\delta - \frac{4}{3}\alpha_A \eta - \frac{2}{3}\alpha_B \eta + \frac{2}{3}C_B - \frac{2}{3}C_A\right)\eta \tag{3-37}$$

$$\pi_B = (P_B - C_B)\eta$$
$$= \left(2\delta - \frac{4}{3}\alpha_B \eta - \frac{2}{3}\alpha_A \eta + \frac{2}{3}C_A - \frac{2}{3}C_B\right)\eta \tag{3-38}$$

$$U_A = \alpha_A \eta_A - P_A$$
$$= \frac{7}{3}\alpha_A \eta + \frac{2}{3}\alpha_B \eta - 2\delta - \frac{2}{3}C_B - \frac{1}{3}C_A \tag{3-39}$$

$$U_B = \alpha_B \eta_B - P_B$$
$$= \frac{7}{3}\alpha_B \eta + \frac{2}{3}\alpha_A \eta - 2\delta - \frac{2}{3}C_A - \frac{1}{3}C_B \tag{3-40}$$

根据式(3-35)至式(3-40)得到下述结论：

转移成本 δ 的增加，导致 P_A 和 P_B 的增加；网络效应系数 α_A 和 α_B 的增加，导致 P_A 和 P_B 的下降以及厂商利润 π_A 和 π_B 的下降；C_A 的增加，导致 π_A 的减少以及 π_B 的增加；C_B 的增加，导致 π_A 的增加以及 π_B 的减少；网络效应系数 α_A 和 α_B 的增加，导致 U_A 和 U_B 的增加；δ, C_A, C_B 的增加，导致 U_A 和 U_B 的减少。

（2）完全兼容模型的计算及结论

完全兼容即可以表示为 $r_{AB}=1$ 且 $r_{BA}=1$。式(3-22)和式(3-23)可以转化为：

$$U_A=\begin{cases}\alpha_A(\eta_A+\eta_B)-P_A & \text{购买 A}\\ \alpha_A(\eta_A+\eta_B)-P_B-\delta & \text{购买 B}\end{cases} \tag{3-41}$$

$$U_B=\begin{cases}\alpha_B(\eta_A+\eta_B)-P_A-\delta & \text{购买 A}\\ \alpha_B(\eta_A+\eta_B)-P_B & \text{购买 B}\end{cases} \tag{3-42}$$

式(3-27)和式(3-28)可以转化为：

$$(p_B-C_B)\eta=(p_A-\delta-C_B)2\eta \tag{3-43}$$

$$(p_A-C_A)\eta=(p_B-\delta-C_A)2\eta \tag{3-44}$$

求解可以得到：

$$P_A=2\delta+\frac{2}{3}C_B+\frac{1}{3}C_A \tag{3-45}$$

$$P_B=2\delta+\frac{2}{3}C_A+\frac{1}{3}C_B \tag{3-46}$$

$$\pi_A=(P_A-C_A)\eta=\left(2\delta+\frac{2}{3}C_B-\frac{2}{3}C_A\right)\eta \tag{3-47}$$

$$\pi_B=(P_B-C_B)\eta=\left(2\delta+\frac{2}{3}C_A-\frac{2}{3}C_B\right)\eta \tag{3-48}$$

$$U_A=\alpha_A(\eta_A+\eta_B)-P_A=\alpha_A2\eta-2\delta-\frac{2}{3}C_B-\frac{1}{3}C_A \tag{3-49}$$

$$U_B=\alpha_B(\eta_A+\eta_B)-P_B=\alpha_B2\eta-2\delta-\frac{2}{3}C_A-\frac{1}{3}C_B \tag{3-50}$$

根据式(3-45)至式(3-50)可得到下列结论：

网络效应系数 α_A 和 α_B 的增加及消费者人数的增加,会导致消费者 A 和 B 的效用 U_A 和 U_B 的增加;C_A,C_B 和 δ 的增加,将导致消费者 A 和 B 的效用 U_A 和 U_B 的减少。令网络效应系数 α_A 和 α_B 为 0,即如果消费者不关心网络规模,式(3-35)、式(3-36)与式(3-45)、式(3-46)等价,即在兼容和不兼容情况下均出现同样的均衡。当用户偏好呈现网络外部性时,对式(3-35)至式(3-38)与式(3-45)至(3-48)比较可知计算机制造厂商制造兼容机可索取较高定价而且可以获得较多利润;式(3-39)、式(3-40)与式(3-49)、式(3-50)比较可知计算机制造厂商出售兼容机使消费者的境况变差。

(3) 单向兼容模型的计算及结论

单向兼容可以表示为 $r_{AB}=0$,$r_{BA}=1$,即 B 与 A 完全兼容,A 与 B 完全不兼容。

式(3-22)和式(3-23)可以转化为:

$$U_A = \begin{cases} \alpha_A \eta_A - p_A & \text{购买 A} \\ \alpha_A(\eta_A + \eta_B) - p_B - \delta & \text{购买 B} \end{cases} \tag{3-51}$$

$$U_B = \begin{cases} \alpha_B \eta_A - p_A - \delta & \text{购买 A} \\ \alpha_B(\eta_A + \eta_B) - p_B & \text{购买 B} \end{cases} \tag{3-52}$$

式(3-27)和式(3-28)可以转化为:

$$(p_B - C_B)\eta = (p_A - \delta + \alpha_A \eta - C_B)2\eta \tag{3-53}$$

$$(p_A - C_A)\eta = (p_B - \delta - C_A)2\eta \tag{3-54}$$

求解可以得到:

$$P_A = 2\delta + \frac{2}{3}C_B + \frac{1}{3}C_A - \frac{4}{3}\alpha_A \eta \tag{3-55}$$

$$P_B = 2\delta + \frac{2}{3}C_A + \frac{1}{3}C_B - \frac{2}{3}\alpha_A \eta \tag{3-56}$$

$$\pi_A = (P_A - C_A)\eta = \left(2\delta + \frac{2}{3}C_B - \frac{2}{3}C_A - \frac{4}{3}\alpha_A \eta\right)\eta \tag{3-57}$$

$$\pi_B = (P_B - C_B)\eta = \left(2\delta + \frac{2}{3}C_A - \frac{2}{3}C_B - \frac{2}{3}\alpha_A \eta\right)\eta \tag{3-58}$$

$$U_A = \alpha_A \eta_A - P_A = \frac{7}{3}\alpha_A\eta - 2\delta - \frac{2}{3}C_B - \frac{1}{3}C_A \qquad (3\text{-}59)$$

$$U_B = \alpha_B(\eta_A + \eta_B) - P_B$$

$$= \alpha_B 2\eta - 2\delta - \frac{2}{3}C_A - \frac{1}{3}C_B + \frac{2}{3}\alpha_A\eta \qquad (3\text{-}60)$$

根据式(3-55)至式(3-60)可得到下列结论：

网络效应系数 α_A 的增加，导致 P_A 和 P_B 的下降及生产厂商 π_A 和 π_B 的减少，消费者 A 及消费者 B 的效用的增加；C_A，C_B 和 δ 的增加，将导致 P_A 和 P_B 的上升。如果生产成本 C_A，C_B 相同，那么从式(3-57)和式(3-58)可以看出，制造兼容机的厂商会比不生产兼容机的厂商获取较多的利润。

3.2.3 双寡头厂商条件下厂商的利润水平、效用以及社会福利

(1) 厂商的利润水平

根据前面的分析，设计一个两阶段博弈。博弈的顺序如下：在阶段 I，每个厂商决定是否生产与竞争机器兼容的机器，在阶段 II 厂商则决定其价格。下面的分析是预定利润水平下的一次性博弈，如表 3-1 所示。它给出了在所有可能兼容性决策组合情况下，两计算机品牌厂商的利润水平，其计算见式(3-37)、式(3-38)和式(3-47)、式(3-48)以及式(3-57)、式(3-58)。

表 3-1　所有可能兼容性决策组合的厂商的利润

		B	
		兼　容	不兼容
A	兼容	$\left(2\delta + \frac{2}{3}C_B - \frac{2}{3}C_A\right)\eta$ $\left(2\delta + \frac{2}{3}C_A - \frac{2}{3}C_B\right)\eta$	$\left(2\delta + \frac{2}{3}C_B - \frac{2}{3}C_A - \frac{4}{3}\alpha_A\eta\right)\eta$ $\left(2\delta + \frac{2}{3}C_A - \frac{2}{3}C_B - \frac{2}{3}\alpha_A\eta\right)\eta$
	不兼容	$\left(2\delta + \frac{2}{3}C_B - \frac{2}{3}C_A - \frac{4}{3}\alpha_A\eta\right)\eta$ $\left(2\delta + \frac{2}{3}C_A - \frac{2}{3}C_B - \frac{2}{3}\alpha_A\eta\right)\eta$	$\left(2\delta - \frac{4}{3}\alpha_A\eta - \frac{2}{3}\alpha_B\eta + \frac{2}{3}C_B - \frac{2}{3}C_A\right)\eta$ $\left(2\delta - \frac{4}{3}\alpha_B\eta - \frac{2}{3}\alpha_A\eta + \frac{2}{3}C_A - \frac{2}{3}C_B\right)\eta$

现在分析下面的情况：当仍处于设计阶段（即在销售开始前）时，计算机品牌厂商决定是否使其机器与竞争机器相兼容。设每个厂商行动集 $S_i = \{C, I\}$，C 代表兼容，I 代表不兼容，$i = A, B$。通过表 3-1 中的利润水平，求解这个博弈的纳什均衡，可以得出下面命题。

【命题 3-3】

① 使其机器为兼容的两个厂商 (C, C) 构成唯一的纳什均衡。事实上，组合 (C, C) 构成了占优行动下的均衡。

② 该均衡同时使行业利润最大化。

该命题第二部分表明，从某种意义上说，非合作纳什结果与串谋（合作）结果是一致的，故此不存在"行业失灵"。因此，合作产业和不合作产业一样都选择兼容性，所以，在该情况下并不需要协调。

（2）消费者的效用水平

通过考察所有可能兼容性决策组合情况下的消费者效用，求解纳什均衡。效用的计算见式（3-39）、式（3-40）和式（3-49）、式（3-50）以及式（3-59）、式（3-60）。所有可能兼容性决策组合的消费者效用水平见表 3-2。

表 3-2 所有可能兼容性决策组合的消费者效用水平

| | | B | |
		兼 容	不兼容
A	兼容	$\alpha_A 2\eta - 2\delta - \dfrac{2}{3}C_B - \dfrac{1}{3}C_A$ $\alpha_B 2\eta - 2\delta - \dfrac{2}{3}C_A - \dfrac{1}{3}C_B$	$\alpha_A 2\eta - 2\delta - \dfrac{2}{3}C_B - \dfrac{1}{3}C_A + \dfrac{2}{3}\alpha_B\eta$ $\dfrac{7}{3}\alpha_{BA}\eta - 2\delta - \dfrac{2}{3}C_A - \dfrac{1}{3}C_B$
	不兼容	$\dfrac{7}{3}\alpha_A\eta - 2\delta - \dfrac{2}{3}C_B - \dfrac{1}{3}C_A$ $\alpha_B 2\eta - 2\delta - \dfrac{2}{3}C_A - \dfrac{1}{3}C_B + \dfrac{2}{3}\alpha_A\eta$	$\dfrac{7}{3}\alpha_A\eta + \dfrac{2}{3}\alpha_B\eta - 2\delta - \dfrac{2}{3}C_B - \dfrac{1}{3}C_A$ $\dfrac{7}{3}\alpha_B\eta + \dfrac{2}{3}\alpha_A\eta - 2\delta - \dfrac{2}{3}C_A - \dfrac{1}{3}C_B C_A$

通过表 3-2 中的效用水平，求解这个博弈的纳什均衡，可以

得出下面命题。同时根据表 3-1 的利润水平以及表 3-2 中的效用水平,计算的社会福利效用函数如下:

$$W = \eta U_A + \eta U_B + \pi_A + \pi_B$$

$$= \begin{cases} \eta^2(\alpha_A + \alpha_B) - \eta(C_A + C_B) & \text{当}(I,I) \\ 2\eta^2(\alpha_A + \alpha_B) - \eta(C_A + C_B) & \text{当}(C,C) \\ \eta^2\alpha_A + 2\eta^2\alpha_B - \eta(C_A + C_B) \text{或} \\ \eta^2\alpha_B + 2\eta^2\alpha_A - \eta(C_A + C_B) & \text{当}(C,I),(I,C) \end{cases}$$

于是可得命题 3-4。

【命题 3-4】

① 机器不兼容时消费者的境况变好。

② 当双方机器兼容时社会福利最大化。

命题 3-4 的第一部分说明,尽管每个消费者可以在兼容性提高时获得网络规模效用,然而相应价格的提高超过了从兼容性上得到的效用。这样,厂商可以通过兼容性榨取更多的剩余价值,从而使得兼容性对消费者变得较坏。命题 3-4 的第二部分说明,在结果(C,C)下社会福利最大。其经济意义在于如果厂商由消费者所有,价格仅是从消费者到厂商的转移,因而可在社会福利函数中消去,对社会福利的仅有的净影响为从网络规模中获得的效用扣除厂商的生产成本。

3.3　双寡头互补品硬件厂商的定价研究

计算机硬件系统主要是由两种产品组成——主机和显示器,两种产品是完全互补的,缺了任一产品消费者都不能操作硬件系统并得到效用。假定如下条件成立:

(1) 计算机硬件系统

一个计算机系统可分为主机和显示器。因为消费者使用一个产品时必须同时使用另一个产品,所以主机和显示器是完全互补的。用 X 表示第一类产品（主机），用 Y 表示第二类产品（显示器）。

（2）厂商和兼容性

设有两个厂商 A，B 同时生产可组装成系统的两类产品。用 X_A 表示由厂商 A 生产的第一类产品，用 Y_A 表示厂商 A 生产的第二类产品。同样可定义厂商 B 生产组成的产品 X_B 和 Y_B。因为产品是完全互补的，所以每个消费者必须同时购买至少一个 X 和一个 Y。这样，兼容性问题变成消费者能否把从不同生产厂商那儿买来的产品组装在一起成为一个系统。

【定义 3-1】

① 如果由不同厂商生产的产品不能组装成一个系统，那么就说产品是不兼容的。也就是说，在市场中不存在系统 $X_A Y_B$ 和 $X_B Y_A$。

② 如果由不同厂商生产的产品能够组装成一个系统，那么就说产品是兼容的。也就是说，生产中存在 $X_A Y_B$ 和 $X_B Y_A$。

（3）消费者

设有四个消费者 AA，AB，BB 和 BA，他们对系统有着不同偏好。分别用 p_i^X 和 p_i^Y 表示由厂商 i 生产产品 X 和生产产品 Y 的价格，用 C_i^X 和 C_i^Y 表示由厂商 i 生产产品 X 和生产产品 Y 的成本，i＝A，B。

每个消费者都有各自理想的产品组合，即在 $p_A^X = p_B^X$，$p_A^Y = p_B^Y$ 条件下，消费者 AA 通常将选择系统 $X_A Y_A$，而不是 $X_B Y_B$，消费者 BB 将选择系统 $X_B Y_B$ 而不是 $X_A Y_A$，并且如果系统是兼容的，那么，消费者 AB 将选择系统 $X_A Y_B$。

购买系统 $X_i Y_j$ 的消费者为该系统支付的总价格为 $p_i^X + m p_j^Y$，i，j＝A，B，其中 m 代表一种 X 产品需要 m 种 Y 产品。本书用 U_{ij} 表示消费者 i，j 的效用水平，i，j 的理想系统是 $X_i Y_j$，i，j∈ {AA，AB，BB，BA}；且假设对于 $\delta > 0$，则有：

$$U_{ij} = \begin{cases} \beta - (p_i^X + mp_j^Y) & \text{购买系统 } X_iY_j \\ \beta - (p_j^X + mp_j^Y) - \delta & \text{购买系统 } X_jY_i \\ \beta - (p_i^X + mp_i^Y) - \delta & \text{购买系统 } X_iY_i \\ \beta - (p_j^X + mp_i^Y) - 2\delta & \text{购买系统 } X_jY_i \end{cases} \quad (3-61)$$

效用函数(3-61)表明,购买了理想系统的消费者会得到总效用 β。如果他购买的系统有一种产品是理想的,另一种产品是不太理想的,总效用将减少 δ。如果购买的两种产品都是由不太理想的厂商生产的,那么,消费者总效用将减少 2δ。

3.3.1 硬件不兼容系统模型

假设由不同厂商生产的产品是不兼容的,这样,市场上仅有两种系统出售:系统 X_AY_A 和系统 X_BY_B。因为每家厂商销售的是一个完整的系统,所以没有对单个产品的需求。因此用 $p_{AA} = p_A^X + mp_A^Y$ 表示由厂商 A 生产的系统 X_AY_A 的价格,同样,用 $p_{BB} = p_B^X + mp_B^Y$ 表示厂商 B 生产的系统 X_BY_B 的价格。仅有系统 X_AY_A 和 X_BY_B 可供消费者购买,即他的"理想"系统 X_AY_B 因产品的不兼容性而无法获得,因此,消费者 AB,BA 不得不妥协,并且购买其中的一种系统。因此,出现了"不对称"均衡,假定消费者 AA,AB,BA,BB 的人数相同,且消费者 AA,AB,BA 都购买系统 X_AY_A,而仅有消费者 BB 购买系统 X_BY_B。图 3-2 给出了不兼容下厂商与消费者间的交易。

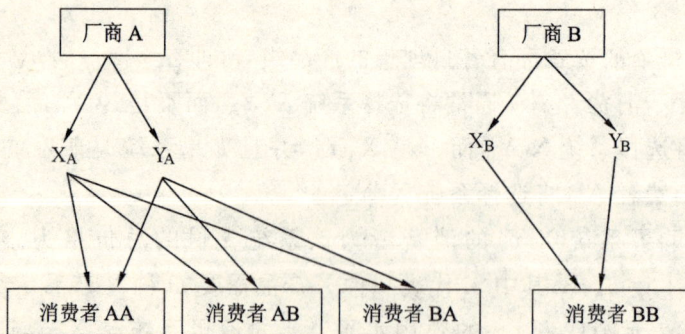

图 3-2　不兼容系统的厂商和消费者的交易

可以证明该系统中不存在纳什均衡价格,但是存在防降价均衡。要防止降价,必须满足下面两个条件:

$$\pi_B = (p_{BB} - C_B^X - mC_B^Y) \times 1 \geqslant \max\{(p_{AA} - \delta - C_B^X - mC_B^Y) \times 3;$$
$$(p_{AA} - 2\delta - C_B^X - mC_B^Y) \times 4\} \tag{3-62}$$

$$\pi_A = (p_{AA} - C_A^X - mC_A^Y) \times 3 \geqslant (p_{BB} - 2\delta - C_A^X - mC_A^Y) \times 4 \tag{3-63}$$

价格组合(p_A, p_B)构成防降价均衡,此时厂商 A 向消费者 AA, AB 和 BB 销售产品,厂商 B 向消费者 BB 销售产品。式(3-62)条件说明,厂商 B 有两种方法能够使价格低于厂商 A:较小幅度的降价使得消费者 AB, BA 从购买系统 $X_A Y_A$ 转向购买系统 $X_B Y_B$,为此,厂商 B 不得不令 $p_{BB} \leqslant p_{AA} - \delta$;较大幅度的降价方式使消费者 AA, AB 和 BB 都购买系统 BB,为此,厂商 B 不得不令 $p_{BB} \leqslant p_{AA} - 2\delta$。然而,对厂商 B 来说,较小幅度的降价比较大幅度的降价产生更多的利润,当且仅当 $p_{AA}^U \leqslant 5\delta + C_B^X + mC_B^Y$ 时,即$(p_{AA}^U - \delta - C_B^X - mC_B^Y) \times 3 > (p_{AA}^U - 2\delta C_B^X - mC_B^Y) \times 4$。因此,在计算防降价均衡时,首先考虑较小幅度的降价情况。均衡价格和利润由式(3-64)、式(3-65)给出,其中上标 I 代表"不兼容性"。

$$\begin{cases} p_{AA}^I = \dfrac{20\delta + 8C_B^X + 8mC_B^Y + C_A^X + mC_A^Y}{9} \\[3mm] p_{BB}^I = \dfrac{11\delta + 2C_B^X + 2mC_B^Y + C_A^X + mC_A^Y}{3} \end{cases} \tag{3-64}$$

$$\begin{cases} \pi_A^I = \dfrac{20\delta + 8C_B^X + 8mC_B^Y - 8C_A^X - 8mC_A^Y}{3} \\[3mm] \pi_B^I = \dfrac{11\delta - C_B^X - mC_B^Y + C_A^X + mC_A^Y}{3} \end{cases} \tag{3-65}$$

对厂商 B 来说,较大幅度的降价比较小幅度的降价产生更多的利润,当且仅当 $p_{AA}^U > 5\delta + C_B^X + mC_B^Y$ 时,即$(p_{AA}^U - \delta - C_B^X - mC_B^Y) \times 3 < (p_{AA}^U - 2\delta C_B^X - mC_B^Y) \times 4$。因此,在计算防降价均衡时,最后考虑较大幅度的降价情况。均衡价格和利润由式

（3-66）、式（3-67）给出，其中上标 I 代表"不兼容性"。

$$\begin{cases} p_{AA}^{I} = \dfrac{40\delta + 12C_B^X + 12mC_B^Y + C_A^X + mC_A^Y}{13} \\ p_{BB}^{I} = = \dfrac{56\delta + 9C_B^X + 9mC_B^Y + 4C_A^X + 4mC_A^Y}{13} \end{cases} \tag{3-66}$$

$$\begin{cases} \pi_A^I = \dfrac{120\delta + 36C_B^X + 36mC_B^Y - 36C_A^X - 36mC_A^Y}{13} \\ \pi_B^I = = \dfrac{56\delta - 4C_B^X - 4mC_B^Y + 4C_A^X + 4mC_A^Y}{13} \end{cases} \tag{3-67}$$

假设厂商 A 的成本小于或等于厂商 B 的成本，上式给出了防降价均衡的一个重要特征，即拥有较多消费者的厂商（厂商 A）定价虽低但获利较多。其原因在于，厂商 A 定价虽低，但占有较大市场份额，且较大市场份额对利润的影响超过价格的影响。

根据式（3-64）及式（3-66）可以计算得出式（3-68）和式（3-69）。

$$CS^I = U_{AA} + U_{BB} + U_{AB} + U_{AB}$$
$$= 4\beta - \frac{37\delta + 10C_B^X + 10mC_B^Y + 2C_A^X + 2mC_A^Y}{3} \tag{3-68}$$

$$CS^I = U_{AA} + U_{BB} + U_{AB} + U_{AB}$$
$$= 4\beta - \frac{202\delta + 45C_B^X + 45mC_B^Y + 7C_A^X + 7mC_A^Y}{13} \tag{3-69}$$

比较式（3-68）和式（3-69），得出较大幅度的降价比较小幅度的降价对消费者有利。

另外根据式（3-64）至式（3-69），可以计算出式（3-70）。

$$W^I = \pi_A + \pi_B + CS^I$$
$$= 4\beta - 2\delta - C_B^X - mC_B^Y - 3C_A^X - 3mC_A^Y \tag{3-70}$$

两种不同的降价方式产生的社会福利是一样的。

3.3.2 硬件兼容系统模型

当厂商使其产品与竞争生产的产品相兼容时，对消费者来说就有两个以上的系统可供采用即系统 $X_A Y_A$，$X_A Y_B$，$X_B Y_A$ 和

X_BY_B。图 3-3 给出了兼容系统情况下消费者与厂商间的交易。因为每个产品都是单独售出的,所以 X 的市场与 Y 的市场独立。

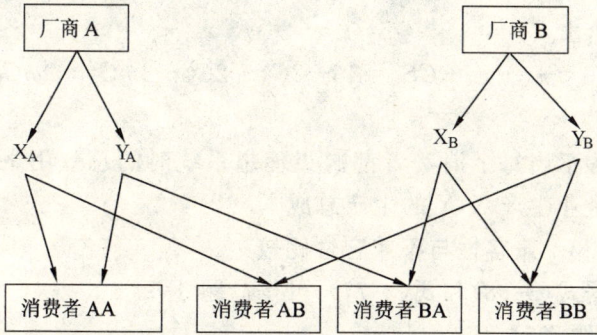

图 3-3　兼容系统的厂商和消费者的交易

要使防降价均衡存在,必须使 X 产品的市场满足下面两个条件:

$$(p_A^X - C_A^X) \times 2 \geqslant (p_B^X - C_A^X - \delta) \times 4 \tag{3-71}$$

$$(p_B^X - C_B^X) \times 2 \geqslant (p_A^X - C_B^X - \delta) \times 4 \tag{3-72}$$

上面两式取等号,可以计算出 X 产品的市场均衡价格和利润水平如下:

$$p_A^X = 2\delta + \frac{1}{3}C_A^X + \frac{2}{3}C_B^X, \quad p_B^X = 2\delta + \frac{1}{3}C_B^X + \frac{2}{3}C_A^X \tag{3-73}$$

$$\pi_A^X = 4\delta - \frac{4}{3}C_A^X + \frac{4}{3}C_B^X, \quad \pi_B^X = 4\delta - \frac{4}{3}C_B^X + \frac{4}{3}C_A^X \tag{3-74}$$

用同样的方法,可以计算出 Y 产品的市场均衡价格和利润水平如下:

$$p_A^Y = 2\delta + \frac{1}{3}C_A^Y + \frac{2}{3}C_B^Y, \quad p_B^Y = 2\delta + \frac{1}{3}C_B^Y + \frac{2}{3}C_A^Y \tag{3-75}$$

$$\pi_A^Y = 4\delta - \frac{4}{3}C_A^Y + \frac{4}{3}C_B^Y, \quad \pi_B^Y = 4\delta - \frac{4}{3}C_B^Y + \frac{4}{3}C_A^Y \tag{3-76}$$

因为每一个消费者都得到了他的"理想"品牌,所以消费者剩余由式(3-77)给出。

$$CS^c = U_{AA} + U_{BB} + U_{AB} + U_{BA} = 4\beta - 2p_A^X - 2p_B^X - 2mp_A^Y - 2mp_B^Y$$

$$= 4\beta - 8\delta - 8m\delta - 2C_A^X - 2C_B^X - 2mC_A^Y - 2mC_B^Y \qquad (3-77)$$

同时根据式(3-74)、式(3-76)和式(3-77)计算出社会福利,由式(3-78)给出。

$$W^c = \pi_A + \pi_B + CS^c = 4\beta - 2C_A^X - 2C_B^X - 2mC_A^Y - 2mC_B^Y$$

$$(3-78)$$

它正好等于当每个消费者都购买理想系统时的总效用之和再减去两个企业生产 X, Y 的生产总成本。

3.3.3 兼容性与不兼容性比较

根据式(3-68)和式(3-77),可得命题 3-5。

【命题 3-5】

相对于厂商生产不兼容产品而言,消费者在厂商生产兼容产品时境况更好。原因在于兼容时每个消费者都得到了他的理想系统,因此消费者的境况变好。

根据式(3-65)、式(3-67)、式(3-74)和式(3-76),可得命题 3-6。

【命题 3-6】

① 厂商生产不兼容产品时较大幅度的降价行业总利润高于较小幅度的降价行业总利润。

② 当厂商 A 的单位成本等于厂商 B 的成本且 $m > 1$ 时,占较大市场份额的厂商和占较小市场份额的厂商在兼容时获得的利润都高于在不兼容时的利润,由式(3-79)给出。

$$\pi_A^I < \pi_A^C \text{ 和 } \pi_B^I < \pi_B^C \qquad (3-79)$$

同理,对比式(3-70)和式(3-79),可得出命题 3-7。

【命题 3-7】

当厂商 A 的单位成本等于厂商 B 的成本,生产兼容产品的社会福利较高。因此,兼容条件下,从厂商的利润增加中获得的社会福利超过了因为较高产品价格而造成的消费者效用损失。

　　本章首先分析说明了如果兼容性生产起来并不是太昂贵,那么厂商可通过生产兼容性机器获益。在兼容的情况下,由于厂商设法从消费者身上榨取更多的剩余价值,尽管事实上兼容性提高了消费者的总效用,但是消费者境况实际上变差了。通过分析可知,只要所有的消费者都以同样的方式看待从兼容性中获得的利益,就不会发生社会失效,因此当厂商仅从社会角度看收益时才选择兼容性。无论消费者购买单一品牌(垄断情况),还是消费者对不同品牌存在不同偏好(双寡头情况),上述结论都成立。

　　其次,从互补产品的角度出发,本章构造了消费者的效用函数,在一定的条件下得出兼容性对消费者、生产者、社会计划者都是最好的。因此得出的结论是,只要互补产品的市场能够提供社会最优的兼容性,政府干预就没有存在的必要性。

4 基于兼容性和外部性的计算机软件产品定价及保护研究

　　在计算机系统中，软件和硬件是两种不同的产品。计算机硬件是有形的物理实体，而计算机软件是人们解决信息处理问题的原理、规则与方法的体现，它包括程序、与程序相关的数据和文档。因此软件产品是指软件开发厂商交付给用户用于特定用途的一整套程序、数据及相关的文档（一般是安装和使用手册），它们以光盘或磁盘作为载体，也可以经过授权后从网上下载[①]。

　　本章首先分析了软件产品的经济特征以及软件产品生产成本和种类的确定，其次分析了垄断市场中的兼容性、不兼容性的定价，最后分析了软件的定价和市场分割以及软件保护等经济问题。

4.1　软件产品的经济特征

　　软件产品是近年来经济学研究的重点和热点之一。要研究软件产业首先要了解软件产品的经济特征。软件是非物质产品，它是由二进制代码构成的一系列数字流，然而它需要物质产品的支持来储存和使用，比如硬盘、显示器等。需要注意的是，软件产品与其他的物质或非物质产品以及服务有很大不同。从供给方面看，软件产业所需要的经济规模相对要比物质产品大得多，而且具有很大的固定或沉淀成本和很小的边际成本，同时也具有网络效应。一般来说，软件产品具有如下的经济特征：

---

　　① 张海藩：《软件工程导论》，清华大学出版社，2003 年。

（1）软件产品具有系统性和网络效应。在很多情况下，一个单独的软件本身并没有价值，它不得不和其他组件一起使用，包括硬件、其他软件和用户培训等。软件与这些组件一起构成了一个系统。这就是软件的系统性，它必须和其他组件组成系统一起使用才有价值。在软件产业里，通常来说，消费者使用软件产品所获得的效用是随着购买这种产品的其他消费者数量增加而不断增加的，这种现象就是正反馈效应，通常被称为网络外部性或者网络效应。软件产品的网络效应属性导致了软件产业存在着临界容量、兼容性等问题。

（2）软件产品具有高固定成本和低边际成本。软件产品生产成本具有特殊的结构，其生产的固定成本很高，主要是开发成本和市场调研及开拓成本，且绝大部分是沉没成本，即生产一旦停止就无法收回；但是其边际成本（主要是分销和拷贝成本）却很低，只要第一份软件产品生产出来，多拷贝一份的成本几乎为零，并且生产拷贝的数量不受自然能力限制，因而软件产品的边际成本可以保持不变甚至递减。这种高固定成本、低边际成本的成本结构表明软件产业具有明显的规模经济特征。

（3）软件产品在使用上需要投入大量成本。这成本包括购买时的搜寻成本和所付出的货币，以及购买后学习使用该软件产品所需花费的大量的时间与精力，尤其是购买后的成本，是造成软件产品有很强锁定效应的根源之一。这些成本可以看做是用户使用软件所付出的固定成本，然而用户在每次使用时还需要付出相应的时间和精力，这是用户为使用该软件产品所付出的边际成本。

（4）软件产品是耐用品。这是软件产品显而易见的物理特征，也是其经济特征之一。软件本身不存在磨损的问题，它只是一系列的二进制编码，只要储存软件的媒介不受到损坏，它可以一直使用下去。因此，如果软件厂商想要使用户继续购买他们的产品就需要及时升级，使其更新换代，满足用户更高的要求。由于软件产品需要快速的技术更新,因而,软件产业通常被看成是一个动态的、快速技术更新的高技术产业。

(5)软件产品具有可继承性。由于软件是一系列的二进制编码,以前积累的代码(如函数、控件等)都可以重复使用,那么软件的生产就可以构件化。软件产品中的构件相当于工业流水线上的"标准件",它最大的特点就是具有可重用性,可以显著降低成本,缩短开发周期。因而软件的生产方式和其他产品不同,实现软件生产构件化后,应用开发人员就可以利用以往开发和积累的现成的构件"装配"成适用于不同领域、功能各异的应用系统。

(6)软件产品在使用上具有先验性。消费者必须事先对软件产品进行尝试(即试用),然后才能确立软件产品的消费偏好。软件厂商只有通过诸如免费样品、市场测试版、网上免费浏览、促销定价和鉴定书等策略充分披露信息,减少商品信息的不对称性,才能确立消费偏好。例如,微软公司的 MS-DOS 和 WINDOWS 操作系统进入中国市场的时候,通过免费安装、赠送等方式让消费者了解、学习,从而达到了普及的目的,迅速扩大了其用户规模。

综上所述,软件产品有和传统产品相同的地方,但在更多的方面是有别于传统产品的。

4.2　软件产品生产的经济分析

4.2.1　软件生产成本的经济分析

软件的开发需要巨额投入。软件开发成本要比其他生产成本大得多,尤其要比将软件分销到消费者手中的分销成本大。这意味着软件生产呈现出明显的规模经济[①]。

---

① Shy O. *The Economics of Network Industries*. The Press Syndicate of the University of Cambridge, 2001.

设 q 为软件购买者的数量，ϕ 为软件开发、测试与调试的成本。开发成本主要包括付给程序员的工时工资、办公场地和设备的租金以及与开办公司有关的其他类型的沉没成本。μ 为将一份软件送到一个消费者手中的分销成本，这个成本包括通过磁盘或光盘分销软件的介质成本，或者通过因特网分销软件所需要的时间，也包括附属的软件使用手册的印刷成本和邮寄成本。设总成本函数为：$TC(q) = \phi + \mu q$，则平均成本和边际成本可以由公式 (4-1) 给出。

$$AC(q) = \frac{\phi}{q} + \mu, MC(q) = \mu \tag{4-1}$$

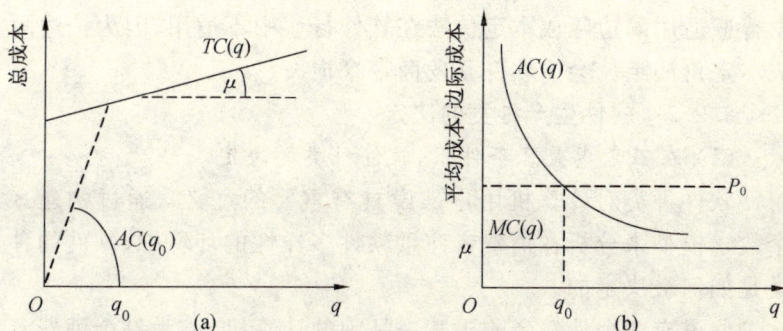

图 4-1 软件生产的总成本、平均成本和边际成本曲线

图 4-1a 表示总成本曲线，图 4-1b 为由总成本曲线推导出的平均成本和边际成本曲线。图 4-1a 上的虚线表示如何用几何法从总成本曲线推导出平均成本和边际成本曲线。从坐标原点到总成本曲线的射线的斜率恰好等于在这个特定产出水平上的平均成本，总成本曲线本身的斜率即边际成本，它为一常数且等于式(4-1)中的成本函数里的 μ。由于连接原点的斜线的斜率大于总成本曲线本身的斜率，所以，在每一个产出水平上软件生产的平均成本大于对应的边际成本，二者只有在很高的产出水平上才

相交,可用式(4-2)表示。

当 $q \to \infty$ 时, $\qquad AC(q) \to MC(q) = \mu$ (4-2)

软件生产总成本函数公式(4-1)对软件定价的意义在于对一个任意的软件价格 $P = P_0$,有命题 4-1。

【命题 4-1】

对于公式(4-1)给出的软件生产成本,有:

① 对于每个价格 P_0,存在一个最小销售量水平 q_0。任何 $q > q_0$ 的销售水平都将给软件厂商带来严格正利润;任何 $q < q_0$ 的销售水平都将给软件厂商造成损失。

② 边际成本定价方法对软件定价不适用。

命题的第二部分突出了软件定价的困难,它表明在竞争市场中普遍适用的边际成本定价法在软件行业中不适用,因为按边际成本定价法定价会给软件开发商带来损失。

4.2.2 软件生产种类的决定

(1)在不考虑兼容条件下,软件种类的决定

软件种类对计算机用户来说具有重要的意义。通过构建一个数学模型来分析在消费者注重软件多样性的环境中,软件的种类是如何被决定的。

假设有 η 个消费者购买某一品牌的计算机,w 为每个消费者总收入中用于购买一台计算机和全部软件的金额。这样,为了能够使用软件,消费者必须为购买计算机硬件支付金额 p,然后用剩下的金额买软件。以 e 表示消费者在购买软件上的总支出,则 $e = w - p$。设 s 为某台计算机(或某个操作系统)编写的软件包的个数,并假设软件产品由众多专门为某一操作系统开发一个或多个软件包构成。设 ϕ 为开发一个软件的固定成本,即它包括软件公司编写、调试这个软件的成本(付给程序员的报酬)和销售成本(营销、广告费用和包装、邮寄成本)。

【假设 4-1】

软件的种类(个数)等于所有消费者用于购买软件的总支出

除以一个软件的固定成本,可以由式(4-3)给出。

$$s = \frac{\eta e}{\phi} \tag{4-3}$$

将 $e = w - p$ 代入式(4-3),得到式(4-4)。

$$s = \frac{\eta(w - p)}{\phi} \tag{4-4}$$

由此可见,计算机硬件价格的下降将增加消费者在软件上的消费,从而使该品牌计算机的可用软件的种类增加。

每个消费者使用计算机的效用函数受两个变量的影响:支持该计算机的软件种类 s 和计算机硬件的价格 p。如果忽略软件价格,效用函数表达式为:

$$u = \begin{cases} \alpha s - p & \text{购买计算机和全部软件} \\ 0 & \text{不购买} \end{cases} \tag{4-5}$$

其中参数 α 反映可用软件的种类对计算机用户的重要程度。较高的 α 值表示消费者非常重视软件的种类,而较低的 α 值表示消费者对可用软件种类要求不多或仅仅满足于操作系统的内配软件(如只需要文字处理软件)。

一个生产计算机硬件的垄断厂商,观测 s 并将价格设定为每个消费者愿意支付的最大价格 $P^m = \alpha s$。垄断厂商将这个价格代入式(4-4),可以得出:

$$P^m = \frac{\alpha \eta w}{\alpha \eta + \phi} \tag{4-6}$$

根据式(4-6),有命题 4-2。

【命题 4-2】

垄断的计算机硬件厂商收取的硬件价格,受到下述因素的影响:

① 随着消费者对软件种类的偏好参数 α、消费者的收入 w 和购买计算机硬件的消费者数量 η 的增加而增加。

② 随着软件开发成本 ϕ 的增加而降低。

命题 4-2 的第一部分说明消费者对软件种类的偏好参数 α 的增加引起计算机硬件垄断价格的提高,这是因为消费者从软件种类的多样性中获得的效用提高了计算机的价值,结果垄断硬件厂商得以提高硬件价格。收入 w 增加则增加了消费者对计算机的需求,由此导致一个更高的垄断价格。至于消费者数量 η 的增加引起计算机硬件价格的提高,原因在于当越来越多的消费者购买计算机的时候需要开发更多的软件,结果增加了每个消费者的效用,使得垄断硬件厂商提高计算机的硬件价格。命题 4-2 的第二部分说明软件开发成本的提高使得为该计算机开发的软件种类减少,从而降低了计算机的价格,垄断厂商就不得不降低硬件的最大垄断价格。

将式(4-6)代入式(4-4)并利用 $e=w-p$,得到软件种类的均衡数量和消费者在软件上的消费支出:

$$s=\frac{\eta w}{\alpha\eta+\phi},\ e=\frac{\phi w}{\alpha\eta+\phi} \tag{4-7}$$

根据式(4-7),有命题 4-3。

【命题 4-3】

① 软件种类的均衡数量 s 随着消费者数量 η 和消费者的收入 w 的增加而增加,随着消费者的软件多样性的偏好参数 α 增加而减少,随着软件开发成本 ϕ 的增加而减少。

② 消费者的软件消费支出 e 随消费者的收入 w 和软件开发成本 ϕ 的增加而增加,但随消费者的软件多样性偏好参数 α 和消费者数量 η 的增加而降低。

因此,在一个卖方垄断的硬件市场里,如果消费者非常重视软件种类,那么根据命题 4-2 可知,垄断硬件厂商将提高计算机硬件价格,导致消费者的软件消费减少,结果造成软件种类减少。这表明,消费者对软件多样性越重视,垄断硬件厂商就越能从消费者那里获取更多的剩余。

（2）在考虑部分兼容条件下，软件种类的决定

一般来说，完全兼容是无法实现的，现实中没有百分之百的兼容。从技术角度来说，即使两款不同型号的计算机由同一个厂商生产，它们有时候也不能阅读完全相同的软件。

【定义 4-1】

如果为 j 品牌计算机开发的软件中有 $\rho_i(0 \leqslant \rho_i \leqslant 1)$ 比例的软件也能够在 i 品牌计算机上运行，就称 j 品牌计算机与 i 品牌计算机以兼容度 ρ_i 部分兼容。注意兼容不是一种对称关系，即某品牌的计算机可以阅读为竞争对手开发的软件，但是其竞争对手的计算机却不能阅读不是专门为其开发的软件。在更极端的情形下，$\rho_i = 1$ 但 $\rho_j = 0$（i 品牌能阅读 j 品牌的软件，但 j 品牌却不能阅读 i 品牌的软件），称之为单向兼容。

设 s_i 是专门为 i 品牌计算机开发的软件种类。每台计算机除了能阅读它自己的软件外，还能够运行为其竞争机器编写的部分软件。ρ_i 为 j 品牌计算机的软件能在 i 品牌的计算机上运行的比例，其中 $i \neq j$。这样，每个 i 品牌计算机用户实际能使用的软件种类总数可以根据下面的定义 4-2 得出。

【定义 4-2】

设 s_i 和 s_j 分别表示为 i，j 品牌计算机（操作系统）开发的软件的数量，那么 i 品牌的用户和 j 品牌的用户可用软件的实际数量分别是：

$$S_i = s_i + \rho_i s_j, \; S_j = s_j + \rho_j s_i \tag{4-8}$$

假定消费者仅仅根据每台计算机的实际软件种类的多少来选择计算机。假设令所有的计算机用户拥有的效用函数由式（4-9）给出。

$$u = \begin{cases} \alpha S_i - p_i & \text{购买计算机 i} \\ \alpha S_j - p_j & \text{购买计算机 j} \end{cases} \tag{4-9}$$

从软件生产方考虑，假定有 η_p 个程序员要么为 i 品牌开发软

件,要么为 j 品牌开发软件,但是不能同时为 i 和 j 开发软件。每个程序员能开发的软件种类数为 $\gamma(\gamma>0)$。因此,如果所有的程序员都充分就业的话,开发的软件种类总数由式(4-10)给出。

$$s_i + s_j = \gamma \eta_p \qquad (4\text{-}10)$$

消费者的选择均衡意味着购买 i 品牌计算机获得的效用一定和购买 j 品牌计算机获得的效用相等,否则,所有的消费者就会转而购买同一品牌的计算机,因此由式(4-9)可得到式(4-11)。

$$\alpha(s_i + \rho_i s_j) - p_i = \alpha(s_j + \rho_i s_i) - p_j \qquad (4\text{-}11)$$

将式(4-11)代入充分就业条件式(4-10),得到为不同品牌计算机开发的软件的均衡种类为式(4-12)。

$$\begin{cases} s_i = \dfrac{(\alpha - \alpha\rho_i)\gamma\eta_p - (p_j - p_i)}{2\alpha - \alpha(\rho_i + \rho_j)}, \\[3mm] s_j = \dfrac{(\alpha - \alpha\rho_j)\gamma\eta_p - (p_i - p_j)}{2\alpha - \alpha(\rho_i + \rho_j)} \end{cases} \qquad (4\text{-}12)$$

对式(4-12)分别求偏导数,得到式(4-13)和式(4-14):

$$\begin{cases} \dfrac{\partial s_i}{\partial p_i} = \dfrac{1}{2\alpha - \alpha(\rho_i + \rho_j)} > 0 \\[3mm] \dfrac{\partial s_i}{\partial p_j} = \dfrac{-1}{2\alpha - \alpha(\rho_i + \rho_j)} < 0 \end{cases} \qquad (4\text{-}13)$$

$$\begin{cases} \dfrac{\partial s_i}{\partial \rho_i} = \dfrac{-\alpha[(\alpha - \alpha\rho_j)\gamma\eta_p - (p_i - p_j)]}{[2\alpha - \alpha(\rho_i + \rho_j)]^2} < 0 \\[3mm] \dfrac{\partial s_i}{\partial \rho_j} = \dfrac{\alpha[(\alpha - \alpha\rho_j)\gamma\eta_p - (p_j - p_i)]}{[2\alpha - \alpha(\rho_i + \rho_j)]^2} > 0 \end{cases} \qquad (4\text{-}14)$$

根据式(4-13)和式(4-14),有命题4-4。

【命题 4-4】

假设有两个软件厂商,每个厂商分别为特定品牌的计算机开发专用软件,如果当 j 计算机与 i 计算机专用软件的兼容度增加时,i 品牌计算机专用软件的种类减少(s_i 减少);当 i 计算机与 j 计算机专用软件的兼容度增加时,i 品牌计算机专用软件的种类增加(s_i 增加);当 i 计算机的价格增加,i 品牌计算机专用软件的种类增加(s_i 增加);当 j 计算机的价格增加,i 品牌计算机专用软件的种类减少。

命题 4-4 的重要性在于,它表明了由于竞争对手的软件保持较高的兼容度会促使软件厂商(考虑到部分软件可以在多种品牌的计算机上通用)为竞争对手开发更多的软件,从而使得竞争对手的产品对消费者更具有吸引力,因此计算机硬件厂商将限制其产品与竞争对手的机器的支持软件之间的兼容度。

4.3　双寡头垄断市场中软件的定价研究

分析寡头垄断的计算机硬件产业,假设其中有两个相互竞争的厂商,消费者的效用随着每一品牌的软件种类的增加而增加。设两个计算机硬件厂商分别为 i 和 j,其成本为零。设 s_i 为 i 品牌专用软件的种类,s_j 为 j 品牌专用软件的种类,q_i 为 i 品牌的用户数量,q_j 为 j 品牌的用户数量。然后,根据应用确定软件种类的假设 4-1,有式(4-15)。

$$s_i = \frac{q_i e_i}{\phi} = \frac{q_i(w - p_i)}{\phi} \tag{4-15}$$

其中 $e_i = w - p_i$ 表示一个消费者在软件消费上的总支出(购买计算机及软件的总支出减去硬件价格)。

【假设 4-2】

支持某种品牌计算机的软件种类等于该品牌计算机的用户总数除以软件开发成本。

$$s_i = \frac{q_i}{\phi}, s_j = \frac{q_j}{\phi} \tag{4-16}$$

设有 η_i 个偏好 i 品牌计算机的消费者,另有 η_j 个偏好 j 品牌计算机的消费者,那么,i 类型的消费者的效用函数可以表示为:

$$u_i = \begin{cases} \alpha_i S_i - p_i & \text{购买计算机 i;i 与 j 不兼容} \\ \alpha_i S_j - p_j - \delta & \text{购买计算机 j;j 与 i 不兼容} \\ \alpha_i (S_i + S_j) - p_i & \text{购买计算机 i;i 与 j 兼容} \\ \alpha_i (S_i + S_j) - p_j - \delta & \text{购买计算机 j;j 与 i 兼容} \end{cases} \quad (4\text{-}17)$$

其中 i 不同于 j。这样,i 类型的消费者就会选择 i 品牌计算机作为其"理想"计算机。如果 i 类型消费者购买 j 品牌的计算机,它的效用就会减少 δ,δ 也可以解释为 i 类型的消费者学习操作 j 品牌计算机所要付出的转移成本。此外,对于给定的计算机硬件价格,如果消费者购买的计算机与另一品牌计算机兼容(能运行为另一品牌计算机编写的软件),那么,由于消费者能使用每个品牌的所有可用软件而不再是一台计算机的软件,他获得更高的效用。同理,对 j 类型的消费者也一样。

4.3.1 软件不兼容系统模型

(1) 软件的种类取决于用户的数量

当存在消费者对软件多样性的偏好,在计算不兼容的两台计算机的均衡价格之前,利用效用函数(4-17)和假设 4-2 给出软件种类的确定原则。

【定义 4-3】

假设最初有 η_i 个用户使用 i 品牌计算机,η_j 个用户使用 j 品牌计算机,$i \neq j$。设 p_i 和 p_j 分别表示两个品牌硬件的价格,s_i 和 s_j 表示由公式(4-16)得到的对应的软件种类。根据防降价均衡计算原理,可以得到式(4-18)、式(4-19)。

$$\pi_i = (p_i - c_i)\eta_i \geqslant (p_j - \delta_j + \alpha_j s_j - c_i)(\eta_i + \eta_j) \quad (4\text{-}18)$$

$$\pi_j = (p_j - c_j)\eta_j \geqslant (p_i - \delta_i + \alpha_i s_i - c_j)(\eta_i + \eta_j) \quad (4\text{-}19)$$

两边取等号,解得防降价均衡价格和利润水平:

$$p_i = \frac{\delta_j \eta_j (\eta_i + \eta_j)}{\eta_i^2 + \eta_i \eta_j + \eta_j^2} + \frac{\delta_i (\eta_i + \eta_j)^2}{\eta_i^2 + \eta_i \eta_j + \eta_j^2} -$$

$$\alpha_j \frac{\eta_i \eta_j (\eta_i + \eta_j)}{\phi(\eta_i^2 + \eta_i \eta_j + \eta_j^2)} - \alpha_i \frac{\eta_j (\eta_i + \eta_j)^2}{\phi(\eta_i^2 + \eta_i \eta_j + \eta_j^2)} + \quad (4\text{-}20)$$

$$c_j \frac{\eta_i (\eta_i + \eta_j)}{\eta_i^2 + \eta_i \eta_j + \eta_j^2} + c_i \frac{\eta_j^2}{\eta_i^2 + \eta_i \eta_j + \eta_j^2}$$

$$p_j = \frac{\delta_i \eta_i (\eta_i + \eta_j)}{\eta_i^2 + \eta_i \eta_j + \eta_j^2} + \frac{\delta_j (\eta_i + \eta_j)^2}{\eta_i^2 + \eta_i \eta_j + \eta_j^2} -$$

$$\alpha_i \frac{\eta_i \eta_j (\eta_i + \eta_j)}{\phi(\eta_i^2 + \eta_i \eta_j + \eta_j^2)} - \alpha_j \frac{\eta_j (\eta_i + \eta_j)^2}{\phi(\eta_i^2 + \eta_i \eta_j + \eta_j^2)} + \quad (4\text{-}21)$$

$$c_i \frac{\eta_j (\eta_i + \eta_j)}{\eta_i^2 + \eta_i \eta_j + \eta_j^2} + c_j \frac{\eta_i^2}{\eta_i^2 + \eta_i \eta_j + \eta_j^2}$$

$$\pi_i = \left(\frac{\delta_j \eta_j (\eta_i + \eta_j)}{\eta_i^2 + \eta_i \eta_j + \eta_j^2} + \frac{\delta_i (\eta_i + \eta_j)^2}{\eta_i^2 + \eta_i \eta_j + \eta_j^2} - \right.$$

$$\alpha_j \frac{\eta_i \eta_j (\eta_i + \eta_j)}{\phi(\eta_i^2 + \eta_i \eta_j + \eta_j^2)} - \alpha_i \frac{\eta_j (\eta_i + \eta_j)^2}{\phi(\eta_i^2 + \eta_i \eta_j + \eta_j^2)} + \quad (4\text{-}22)$$

$$\left. c_j \frac{\eta_i (\eta_i + \eta_j)}{\eta_i^2 + \eta_i \eta_j + \eta_j^2} - c_i \frac{\eta_i^2 + \eta_i \eta_j}{\eta_i^2 + \eta_i \eta_j + \eta_j^2} \right) \eta_i$$

$$\pi_j = \left(\frac{\delta_i \eta_i (\eta_i + \eta_j)}{\eta_i^2 + \eta_i \eta_j + \eta_j^2} + \frac{\delta_j (\eta_i + \eta_j)^2}{\eta_i^2 + \eta_i \eta_j + \eta_j^2} - \right.$$

$$\alpha_i \frac{\eta_i \eta_j (\eta_i + \eta_j)}{\phi(\eta_i^2 + \eta_i \eta_j + \eta_j^2)} - \alpha_j \frac{\eta_j (\eta_i + \eta_j)^2}{\phi(\eta_i^2 + \eta_i \eta_j + \eta_j^2)} + \quad (4\text{-}23)$$

$$\left. c_i \frac{\eta_j (\eta_i + \eta_j)}{\eta_i^2 + \eta_i \eta_j + \eta_j} - c_j \frac{\eta_i \eta_j + \eta_j^2}{\eta_i^2 + \eta_i \eta_j + \eta_j^2} \right) \eta_j$$

根据上述各式,因此有命题 4-5 和命题 4-6。

【命题 4-5】

消费者对软件多样性偏好的增加将使计算机硬件价格和利润都下降,即当 α_i, α_j 增加时,P_i, P_j, π_i 和 π_j 都减少,所以可称参数 α_i, α_j 是促进竞争的,即对支持软件的多样性的重视促进了硬件厂商之间的竞争。其原因在于,如果消费者对软件多样性偏好增加,那么,硬件厂商为了吸引更多的消费者就会强化价格竞争,并借此提高为其机器所编写的软件种类。这一结论是根据假设 4-2 得出的。

【命题 4-6】

在机器不兼容时,价格和利润都随着差别化参数 δ 的增大而增加,随着软件开发成本 ϕ 的增加而减少。不同品牌计算机的差别化程度的增加会削弱竞争,并使硬件厂商利润增加。

(2) 软件的种类与用户的数量无关

不管使用者的数量如何变动,i 品牌计算机的厂商和 j 品牌计算机的厂商使用的软件的种类已经给定。

根据效用函数(4-17),利用防降价均衡的计算方法,可以得到式(4-24)。

$$\begin{cases} \pi_i = (p_i - c_i)\eta_i \geq [p_j - \delta_j + \alpha_j(s_i - s_j)](\eta_i + \eta_j) \\ \pi_j = (p_j - c_j)\eta_j \geq [p_i - \delta_i + \alpha_i(s_j - s_i)](\eta_i + \eta_j) \end{cases} \tag{4-24}$$

两边取等号,解得防降价均衡价格和利润水平式(4-25)至式(4-28)。

$$\begin{aligned} p_i = & \frac{\delta_j \eta_j(\eta_i + \eta_j)}{\eta_i^2 + \eta_i\eta_j + \eta_j^2} + \frac{\delta_i(\eta_i + \eta_j)^2}{\eta_i^2 + \eta_i\eta_j + \eta_j^2} - \\ & \alpha_j(s_i - s_j)\frac{\eta_j(\eta_i + \eta_j)}{(\eta_i^2 + \eta_i\eta_j + \eta_j^2)} - \\ & \alpha_i(s_j - s_i)\frac{(\eta_i + \eta_j)^2}{(\eta_i^2 + \eta_i\eta_j + \eta_j^2)} + \\ & c_j\frac{\eta_i(\eta_i + \eta_j)}{\eta_i^2 + \eta_i\eta_j + \eta_j^2} + c_i\frac{\eta_j^2}{\eta_i^2 + \eta_i\eta_j + \eta_j^2} \end{aligned} \tag{4-25}$$

$$\begin{aligned} p_j = & \frac{\delta_i \eta_i(\eta_i + \eta_j)}{\eta_i^2 + \eta_i\eta_j + \eta_j^2} + \frac{\delta_j(\eta_i + \eta_j)^2}{\eta_i^2 + \eta_i\eta_j + \eta_j^2} - \\ & \alpha_i(s_j - s_i)\frac{\eta_i(\eta_i + \eta_j)}{(\eta_i^2 + \eta_i\eta_j + \eta_j^2)} - \\ & \alpha_j(s_i - s_j)\frac{(\eta_i + \eta_j)^2}{(\eta_i^2 + \eta_i\eta_j + \eta_j^2)} + \\ & c_i\frac{\eta_j(\eta_i + \eta_j)}{\eta_i^2 + \eta_i\eta_j + \eta_j^2} + c_j\frac{\eta_i^2}{\eta_i^2 + \eta_i\eta_j + \eta_j^2} \end{aligned} \tag{4-26}$$

$$\pi_i = \Big(\frac{\delta_j \eta_j (\eta_i + \eta_j)}{\eta_i^2 + \eta_i \eta_j + \eta_j^2} + \frac{\delta_i (\eta_i + \eta_j)^2}{\eta_i^2 + \eta_i \eta_j + \eta_j^2} -$$

$$\alpha_j (s_i - s_j) \frac{\eta_j (\eta_i + \eta_j)}{(\eta_i^2 + \eta_i \eta_j + \eta_j^2)} -$$

$$\alpha_i (s_j - s_i) \frac{(\eta_i + \eta_j)^2}{(\eta_i^2 + \eta_i \eta_j + \eta_j^2)} + \qquad (4\text{-}27)$$

$$c_j \frac{\eta_i (\eta_i + \eta_j)}{\eta_i^2 + \eta_i \eta_j + \eta_j^2} - c_i \frac{\eta_i^2 + \eta_i \eta_j}{\eta_i^2 + \eta_i \eta_j + \eta_j^2} \Big) \eta_i$$

$$\pi_j = \Big(\frac{\delta_i \eta_i (\eta_i + \eta_j)}{\eta_i^2 + \eta_i \eta_j + \eta_j^2} + \frac{\delta_j (\eta_i + \eta_j)^2}{\eta_i^2 + \eta_i \eta_j + \eta_j^2} -$$

$$\alpha_i (s_j - s_i) \frac{\eta_i (\eta_i + \eta_j)}{(\eta_i^2 + \eta_i \eta_j + \eta_j^2)} -$$

$$\alpha_j (s_i - s_j) \frac{(\eta_i + \eta_j)^2}{(\eta_i^2 + \eta_i \eta_j + \eta_j^2)} + \qquad (4\text{-}28)$$

$$c_i \frac{\eta_j (\eta_i + \eta_j)}{\eta_i^2 + \eta_i \eta_j + \eta_j^2} - c_j \frac{\eta_i \eta_j + \eta_j^2}{\eta_i^2 + \eta_i \eta_j + \eta_j^2} \Big) \eta_j$$

根据上式,因此有命题4-7。

【命题 4-7】

在机器不兼容时,价格和利润都随着差别化参数 δ 的增大而增加;消费者对软件多样性偏好的增加,即当 α_i, α_j 增加时,对价格和利润的影响取决于两个专用软件的数量之差。

4.3.2　软件兼容系统模型

假设两个计算机硬件厂商使他们的产品互相兼容,根据效用函数(4-17),利用防降价均衡的计算方法,可以得到式(4-29)、式(4-30)。

$$\pi_i = (p_i - c_i) \eta_i \geqslant (p_j - \delta_j - c_i)(\eta_i + \eta_j) \qquad (4\text{-}29)$$

$$\pi_j = (p_j - c_j) \eta_j \geqslant (p_i - \delta_i - c_j)(\eta_i + \eta_j) \qquad (4\text{-}30)$$

两边取等号,解得防降价均衡价格和利润水平,即式(4-31)至式(4-34)。

$$p_i = \frac{\delta_j \eta_j (\eta_i + \eta_j)}{\eta_i^2 + \eta_i \eta_j + \eta_j^2} + \frac{\delta_i (\eta_i + \eta_j)^2}{\eta_i^2 + \eta_i \eta_j + \eta_j^2} + c_j \frac{\eta_i (\eta_i + \eta_j)}{\eta_i^2 + \eta_i \eta_j + \eta_j^2} + c_i \frac{\eta_j^2}{\eta_i^2 + \eta_i \eta_j + \eta_j^2} \tag{4-31}$$

$$p_j = \frac{\delta_i \eta_i (\eta_i + \eta_j)}{\eta_i^2 + \eta_i \eta_j + \eta_j^2} + \frac{\delta_j (\eta_i + \eta_j)^2}{\eta_i^2 + \eta_i \eta_j + \eta_j^2} + c_i \frac{\eta_j (\eta_i + \eta_j)}{\eta_i^2 + \eta_i \eta_j + \eta_j^2} + c_j \frac{\eta_j^2}{\eta_i^2 + \eta_i \eta_j + \eta_j^2} \tag{4-32}$$

$$\pi_i = \left(\frac{\delta_j \eta_j (\eta_i + \eta_j)}{\eta_i^2 + \eta_i \eta_j + \eta_j^2} + \frac{\delta_i (\eta_i + \eta_j)^2}{\eta_i^2 + \eta_i \eta_j + \eta_j^2} + c_j \frac{\eta_i (\eta_i + \eta_j)}{\eta_i^2 + \eta_i \eta_j + \eta_j^2} - c_i \frac{\eta_i^2 + \eta_i \eta_j}{\eta_i^2 + \eta_i \eta_j + \eta_j^2} \right) \eta_i \tag{4-33}$$

$$\pi_j = \left(\frac{\delta_i \eta_i (\eta_i + \eta_j)}{\eta_i^2 + \eta_i \eta_j + \eta_j^2} + \frac{\delta_j (\eta_i + \eta_j)^2}{\eta_i^2 + \eta_i \eta_j + \eta_j^2} + c_i \frac{\eta_j (\eta_i + \eta_j)}{\eta_i^2 + \eta_i \eta_j + \eta_j^2} - c_j \frac{\eta_i \eta_j + \eta_j^2}{\eta_i^2 + \eta_i \eta_j + \eta_j^2} \right) \eta_j \tag{4-34}$$

根据上述各式,因此有命题 4-8 和命题 4-9。

【命题 4-8】

在机器兼容时,价格和利润都随着差别化参数 δ 的增大而增加;价格都随着软件开发单位成本的增加而增加;利润随着对方开发单位成本的增加而增加,随着自身开发单位成本的增加而减少。

【命题 4-9】

在两个垄断硬件厂商组成的市场中,硬件兼容情况下的均衡价格和利润高于不兼容情况下的价格和利润。

4.4 软件定价与市场分割

在软件产业中,软件厂商根据客户需求不同提供质量或功能不同的产品是很常见的,这就是软件的市场分割。最常见的是软件厂商将软件中的一些功能删除,然后将这种简化版的软件以低价(一般是低于成本的价格)出售或者免费分发给支付意愿低的消费者,这种简化版软件也叫做退化产品。在大多数情况下,简化版本软件以低价或通过互联网以免费的形式推出,其目的在于获取支持意愿较低的消费者作为基础,建立相当的用户规模,培养用户的习惯,形成锁定效应。在有锁定效应的情况下,这将提高消费者的效用,借此提高支付意愿较高的消费者对软件的需求。例如,Adobe 公司允许他的 Acrobat Reader 可以被合法地自由免费下载,但是这个软件只能用来查看和打印 PDF 文件。那些想要创建和修改 PDF 文件的用户必须购买其 Acrobat 家族的其他版本的软件。在计算机硬件产业中,英特尔公司在 20 世纪80 年代后期推出的价格非常便宜的86386 芯片。经过首发销售,英特尔公司又以较低的价格推出了 86386SX 芯片,尽管后者为了将算术处理器从处理器实际分离出去要增加芯片的单位制造成本,这样一来,不带算术处理器的 86386SX 芯片的制造成本要比制造 86386 芯片本身高,但它却是面向低端市场的。因此,软件产品市场分割的目的就在于快速提高市场份额、培养用户的使用习惯从而形成锁定效应,并且尽量攫取消费者剩余。当达到目的以后,软件生产商就可以推出收费的互补产品、推出收费的高级版本或者完全版本,软件生产商甚至会利用锁定效应,向原来免费的产品收费。

【命题 4-10】

实行歧视定价的目的是给支付意愿低的消费者也创造一个消费市场,这样做虽然会增加单位制造成本,但软件厂商也可能获利。结果,生产成本最高的软件比生产成本最低的软件卖得便宜。

设 $\theta(\theta > 1)$ 为外生给定的软件中内置的额外功能的个数。市场上有两类消费者,一类是需要软件中内置的所有功能的专业用户,另一类是仅仅是使用软件中主要功能、不需要额外功能的一般用户。以文字处理软件为例，专业用户有打字员、作家以及学术界人士，他们的工作很大程度上依赖于文字处理软件；而一般用户，如家庭用户，他们只是使用该软件在每月打印几封邮件或逛超市前开列购物清单。假定有 η_p 个专业用户，他们的效用函数表示如下：

$$u^p = \begin{cases} \alpha(1+\theta)q - p & \text{购买带额外功能的软件} \\ \alpha q - p & \text{购买不带额外功能的软件} \\ 0 & \text{不购买软件} \end{cases} \quad (4\text{-}35)$$

又假定有 η_l 个一般用户，他们的效用函数表示如下：

$$u^l = \begin{cases} \alpha q - p & \text{购买软件} \\ 0 & \text{不购买软件} \end{cases} \quad (4\text{-}36)$$

假设软件的完整版已经开发出来，所有的开发成本可被视为沉没成本。假设复制和销售每份软件的成本也为零（即边际成本为零）。设 ϕ_r 为开发简化版本软件的成本，简化版是指在原完整版中删除一些额外功能后的软件。

假设只出售完整版软件，其售价为 p。面对上述两种类型的消费者（见式(4-35)和式(4-36)），厂商为了实现利润最大化，可以有两种定价策略：一种定价稍低（$P_L = \alpha(\eta_p + \eta_l)$），在这种情况下不管是专业用户还是一般用户都会购买该版本的软件；另一种定价稍高（$P_H = \alpha(1+\theta)\eta_p$），在这种情况下只有专业用户才会购买该软件。这样，根据式(4-35)和式(4-36)可以得出以两种不同价格表示的购买该软件的人数及相应的厂商利润水平：

$$q = \begin{cases} \eta_p & \text{如果 } p = \alpha(1+\theta)\eta_p \\ \eta_p + \eta_l & \text{如果 } p = \alpha(\eta_p + \eta_l) \end{cases}$$

和

$$(4\text{-}37)$$

$$\pi = \begin{cases} \alpha(1+\theta)\eta_p^2 & \text{如果 } p = \alpha(1+\theta)\eta_p \\ p = \alpha(\eta_p + \eta_l)^2 & \text{如果 } p = \alpha(\eta_p + \eta_l) \end{cases}$$

所以，当 $\alpha(1+\theta)\eta_p^2 \leqslant \alpha(\eta_p + \eta_l)^2$，即当 $\theta \leqslant \dfrac{2\eta_l\eta_p + \eta_l^2}{\eta_p^2}$ 时，垄断软件

厂商规定一个较低的价格 $p_l = \alpha(\eta_p + \eta_l)$。

而当 $\theta > \dfrac{2\eta_l\eta_p + \eta_l^2}{\eta_p^2}$ 时,垄断软件厂商规定一个较高的价格 $p_H = \alpha(1+\theta)\eta_p$。

【命题 4-11】

当市场上只有完整版本的软件出售时,如果 $\theta > \dfrac{2\eta_l\eta_p + \eta_l^2}{\eta_p^2}$ 时,垄断软件厂商会制定一个较高的价格 $p = p_H = \alpha(1+\theta)\eta_p$,在这种情况下只有专业用户才会购买该软件;如果当 $\theta \leqslant \dfrac{2\eta_l\eta_p + \eta_l^2}{\eta_p^2}$ 时,垄断软件厂商会制定一个较低的价格 $p = p_l = \alpha(\eta_p + \eta_l)$,在这种情况下所有用户都会购买该软件。

4.5 软件的保护问题研究

4.5.1 软件盗版的网络效应概述

软件产业通常认为软件盗版无疑是偷窃,并会引起企业和政府收入的极大损失。法庭和其他政策制定者很容易被这种观点影响,并制定出相关的反盗版措施。令人惊奇的是,许多软件生产厂商往往并不采取任何技术手段去保护他们的软件,同时很多流行的软件是在互联网上分发的,不采取任何意义上的保护措施,很容易被盗版。这引起了很多学者的关注,并产生了很多研究成果。然而,以往的研究没有很好地说明为什么很多软件企业不保护他们的产品,直到引入网络效应后才给这一问题的解答提供了一个新的思路。

康纳和鲁默尔特可能是最早从网络效应的角度来研究软件盗版问题的学者,他们认为,在网络效应下,盗版对软件生产厂商产生了两种经济影响。首先,盗版导致了直接销售的下降;其次,由于盗版提高了用户基数的规模,因此,它也有助于提高消费者对软件的需求。他们证明了在只有一个厂商即垄断的情况下,为什么软件生产商会允许一定量的盗版①。Gandal 提出了一个存在需求方网络效应时的模型,证明了盗版可以给企业带来更大的利润,并使社会福利得到帕累托改进②。Shy 和 Thisse 分析了销售有差别的软件的双寡头市场上的软件保护策略③。表明软件生产商会同意部分盗版,这里消费者对软件的偏好取决于特定软件的使用人数(包括正版和盗版用户)。他们的结论显示,如果两家企业保护他们的软件,当网络效应强时,会出现低价格均衡,而当网络效应弱时,会出现高价格均衡。因而,当网络效应弱,两家企业都会选择保护他们的软件;而当网络效应中等时,一家企业选择保护而另一家则不保护,选择不保护的企业则会获得更大的利润;当网络效应强时,两家企业都倾向于不保护他们的软件。Deneckere 认为,首先,盗版是一种有代表性的价格歧视策略,因为很多低端用户并不愿意购买他们的软件,在网络效应下,不加保护的软件在一定意义上是一种盈利策略,这种策略可以使软件最快速最广泛地散发出去,最大化网络的价值,它会加速有利于占主导地位的生产商的市场环境,并最终产生更高的进入壁垒;其次,锁定效应最终会使软件生产商可能对盗版用户提起诉讼,并因此索取更高的价格④。所有的研究都试图证明网络效应的存在是盗版存在的主要原因,并且软件生产商会因此获利。

① Bresnahan T, Greenstein S. Technological Competition and the Structure of the Computing Industry. *Journal of Industrial Economics*, 1999,47.

② Gandal N. A Selective Survey of the Literature on the Indirect Network Externalities. *Research in Law and Economics*,1995,17.

③ Shy O, Thisse J. A Strategic Approach to Software Protection. *Journal of Economics and Management Strategy*,1999,8.

④ Deneckere R, McAfee P. Damaged Goods. *Journal of Economics and Management Science*,1996,5.

但是,另外一些学者不认为盗版能够增加利润,即便能够增加利润,也是在一定的条件下才能成立的。Givon[①] 认为,当存在网络效应时,在软件生产商可以自由选择盗版保护程度的前提下,如果生产商可以直接对潜在的盗版者与其他消费者实施价格歧视,那么盗版就不能给生产商带来利润;如果不能实施价格歧视,只有当盗版的能力和消费者的愿意支付负相关时,盗版才能给消费者带来利润,甚至在这种情况下也不能给生产商带来利润最大化。所以,他们认为盗版能带来利润的说法是值得商榷的。Church[②] 认为,盗版能够增加软件生产商利润的说法在现实世界里往往并不成立。他证明,在某些情况下,软件的保护盗版的措施通常才是最优的,在网络效应下,采取保护措施的动机比没有网络效应时要大。同时,他指出研究盗版问题的不同结论在于模型及其假设的不同,即盗版是否有利于软件生产商实际上依赖于市场结构和需求环境等因素。他给出一些例证,如康纳和鲁默尔特[③]和盖伯[④]的市场结构是对称的双寡头垄断等等。所有这些研究表明真实市场中软件盗版的存在依赖于市场的特点,并不存在盗版问题的统一解释。

4.5.2 软件保护的模型

假设市场中只有一个垄断的软件公司,它向整个市场提供一种软件。市场中存在两类异质消费者:一类消费者需要从软件公司为其提供的支持服务中获得额外效用。另一类消费者是"支持

① Givon M, Mahajan V, Muller E. Software Piracy : Estimation of Lost Sales and the Impact on Software Diffusion. *Journal of Marketing* ,1995,59.

② Church J, Gandal N. Network Effects, Software Provision, and Standardization. *Journal of Industrial Economics* ,1992,40.

③ Bresnahan T, Greenstein S. Technological Competition and the Structure of the Computing Industry. *Journal of Industrial Economics* ,1999,47.

④ Cabal L. Salant D. Monopoly Pricing with Network Externalities. *International Journal of Industrial Organization* , 1999,17.

无关的",他们不需要从软件公司为其提供的支持服务中获得额外效用。通常消费者可以分为以下两类:

(1) 支持导向型消费者(类型 O):假定有 η_o 个支持导向型的潜在消费者,他们从软件公司为合法用户提供的支持服务中获得额外效用。

(2) 支持无关型消费者(类型 I):假定有 η_1 个支持无关型的潜在消费者,他们不需要从软件公司为合法用户提供的支持服务中获得额外效用。

每个消费者可以有三种选择:购买软件、盗版和不使用任何软件。选择盗版时,消费者不支付任何软件费用,但也得不到来自软件公司的任何支持服务。

【假设 4-3】

① 软件公司把支持服务和销售捆绑。

② 非法软件用户不能获得来自独立供应商的支持服务。

假设 4-3 的① 表明软件厂商不能够对支持导向型消费者和支持无关型消费者实行区别定价;② 表明软件支持服务由软件厂商垄断,这样支持导向型消费者就不能盗用软件并购买由第三方供应商提供的支持服务。

令 q 为某个软件的用户数量,即合法或非法使用该软件的消费者总数。假定消费者的效用随着合法或非合法使用相同软件的其他消费者数量的增加而提高。网络外部性假设意味着消费者能通过交换由同一软件产生的文件而获益,消费者与其他消费者之间的互动越多,其工作效率就越高,亦即通过相同软件互动可增加消费者效用。

因此,支持导向型消费者的效用可以表示为:

$$u^o = \begin{cases} \alpha(1+\sigma)q - p & \text{购买软件} \\ \alpha q & \text{购买盗版软件} \\ 0 & \text{不使用软件} \end{cases} \tag{4-38}$$

其中,p 是垄断软件厂商制定的软件价格,σ 是衡量软件支持服务对 O 型消费者的价值($\sigma > 0$)。这就是说,支持导向型消费者如果购买软件,他将得到总效用 αq,加上从软件公司提供的支持服务中所获得的效用 $\alpha \sigma q$ 再减去价格 p。

同样,支持无关型消费者的效用函数可以表示为:

$$\mu^1 = \begin{cases} \alpha q - p & \text{购买软件} \\ \alpha q & \text{购买盗版软件} \\ 0 & \text{不使用软件} \end{cases} \qquad (4\text{-}39)$$

由于支持无关型消费者不能从软件公司为其合法用户提供支持服务中获得任何效用,所以,两类消费者之间的差别相当明显。

从式(4-38)和式(4-39)可以推导出下面的命题。

【命题 4-12】

① 如果 $p \leqslant \alpha \sigma q$,即软件价格不超过软件公司为其合法用户所提供的支持服务的价值,支持导向型消费者会偏好选择购买软件而不是盗版软件。

② 如果软件没有防复制保护,支持无关型消费者不会购买软件,他们会盗版软件或根本不购买软件。

【假设 4-4】

除了价格以外,垄断软件厂商在软件保护上还可以在以下两种策略中选择一种:

① 不保护策略(n):任何消费者都能无成本地盗版软件,但是得不到来自软件厂商的任何支持服务。

② 保护策略(p):安装保护装置或实施打击盗版措施使得软件盗版成为不可能。

假设 4-4 意味着软件厂商可以无成本地保护它的软件而且这种保护是绝对的。如辅以特定装置,如在打印机端口安装加密插头或安装可以识别计算机的芯片,这种保护就是可行的。下面分析软件厂商采取哪一种策略更有利可图。

（1）无复制保护

假设不禁止软件复制，也就是说所有的软件用户都可以随意使用软件而不必支付费用；当然如果觉得有益，他们也可以放弃软件厂商的支持服务。在无保护条件下，命题 4-12 的第二部分已经说明支持无关型消费者不会购买软件。根据命题 4-12 第一部分，可得垄断软件厂商制定的软件最高价格及相应获取的利润水平为：

$$p^n = \alpha\sigma(\eta_1 + \eta_0) \text{ 和 } \pi^n = \alpha\sigma(\eta_1 + \eta_0)\eta_0 \quad (4-40)$$

其中，上标 n 代表不保护策略。

在这个均衡中，每个支持导向型消费者购买软件并得到效用：$U^o = \alpha(1+\sigma)(\eta_1+\eta_0) - p = \alpha(\eta_1+\eta_0)$，而每个支持无关型消费者盗版软件并得到效用：$U^1 = \alpha(\eta_1+\eta_0)$。产生上述垄断价格均衡(4-40)主要原因在于：一方面，对支持导向型消费者来说，购买还是盗版软件是没有区别的，因此提高价格会失去这些消费者；另一方面，对支持无关型消费者来说，因为他们总是使用盗版软件，所以降低价格不会增加垄断软件厂商利润。

（2）复制保护

假设软件厂商保护其软件，因此不存在盗版的可能性。在这种情况下，如果 $\sigma > \dfrac{\eta_1}{\eta_0}$，均衡有两种可能：

第一种情况，称之为"高价"均衡，即只有 η_0 个支持导向型消费者购买（因为没有盗版，所以 $q=\eta_0$）。这时支持导向型消费者愿意支付的最高价格及软件厂商相应的利润水平为：

$$\begin{cases} P^{p,H} = \alpha(1+\sigma)\eta_0 \\ \pi^{p,H} = \alpha(1+\sigma)\eta_0^2 \end{cases} \quad (4-41)$$

其中上标 p 代表复制保护策略。注意当 $\sigma > \dfrac{\eta_1}{\eta_0}$ 时，支持无关型消费者将不会购买软件，即他们将不使用软件。因为如果他们购买软件的话，得到的效用 $U^1 = \alpha\eta_1 - \alpha(1+\sigma)(\eta_1+\eta_0) < 0$。

第二种情况,称之为"低价"均衡,即支持无关型和支持导向型两类消费者都购买该软件。这时,消费者有 $\eta_1 + \eta_0$ 个,垄断厂商的最高定价及相应利润水平为:

$$\begin{cases} P^{p,L} = \alpha(\eta_1 + \eta_0) \\ \pi^{p,L} = \alpha(\eta_1 + \eta_0)^2 \end{cases} \quad (4\text{-}42)$$

比较式(4-41)和式(4-42)的利润水平,可以得出: $\pi^{p,H} \geqslant \pi^{p,L}$,当且仅当 $\sigma \geqslant \dfrac{\eta_1^2 + 2\eta_1\eta_0}{\eta_0^2}$。注意上式也适用于 $\sigma < \dfrac{\eta_1}{\eta_0}$ 的情况。因为 $\sigma < \dfrac{\eta_1}{\eta_0}$ 可以得到 $\pi^{p,H} < \pi^{p,L}$,垄断厂商的利润最大化价格为 $P^{p,L}$。

(3)软件公司的选择

选择厂商的利润最大化策略只需要比较厂商在不保护策略下的利润水平(4-41)和保护策略下的利润水平(4-42)。

$$\pi^n \geqslant \max[\pi^{p,H}, \pi^{p,L}] \text{即} \begin{cases} \alpha\delta(\eta_1 + \eta_0)\eta_0 \geqslant \alpha(1+\delta)\eta_0^2 \\ \alpha\delta(\eta_1 + \eta_0)\eta_0 \geqslant \alpha(\eta_1 + \eta_0)^2 \end{cases} \quad (4\text{-}43)$$

可以得出当 $\sigma \geqslant \max\left[\dfrac{\eta_0}{\eta_1}, 1 + \dfrac{\eta_1}{\eta_0}\right]$ 时,$\pi^n > \pi^p$,垄断软件厂商选择不保护策略,反之,选择保护策略。

因此可以得到命题4-13。

【命题4-13】

当软件用户的偏好呈现网络外部性时:

① 当支持导向型消费者高度重视软件厂商为其合法用户所提供的支持服务即 $\sigma \geqslant \max\left[\dfrac{\eta_0}{\eta_1}, 1 + \dfrac{\eta_1}{\eta_0}\right]$ 时,厂商实行不保护策略比实行保护策略获利更高。

② 当支持导向型消费者不重视软件厂商为其合法用户所提供的支持服务即 $\sigma < \max\left[\dfrac{\eta_0}{\eta_1}, 1 + \dfrac{\eta_1}{\eta_0}\right]$ 时,厂商实行保护策略比实

行不保护策略获利更高。

命题 4-13 说明：如果支持服务对支持导向型消费者来说非常重要的话，不保护策略的利润高于保护策略的利润。相反，如果支持服务对消费者来说没有价值的话，软件厂商必须保护软件以防盗版，否则在这种情况下两类消费者都将会选择盗版软件。

网络效应是软件产品经济问题分析的基础。本章首先分析了软件产品的经济特征和生产原则尤其是按边际成本定价对软件不实用，然后分析了兼容和不兼容两种情况下的软件种类的差异程度和开发成本对利润的影响，最后分析了软件产品的简化版软件、完整版软件市场细分定价的方法以及软件盗版中的复制保护、不复制保护问题，并指出了软件公司根据不同情况获得最大化利润的方法。

5 电信网络中接入价的研究

一般性的电信服务是指电话、传真、电邮服务。随着我国居民收入的增加，近年来电信业是中国增长最快的行业之一。电信业的技术进步，特别是因特网技术以及无线电技术的进步对这个行业的快速增长贡献最大[①]。因为电信服务是与众人交流，所以电信服务是网络性服务的典型例子之一。

本章将消费者类型分为离散和连续两种情况。首先分析离散情况下消费者的效用函数、垄断供应商的定价和社会福利以及新厂商进入的影响和消费者类型扩展至三种类型的情况；然后分析连续情况下的消费者的效用函数、无连接成本的垄断供应商的定价和社会福利以及有连接成本的垄断供应商的定价和社会福利以及新厂商的进入问题；最后分析互联互通中的互联网络接入定价的基本方法、区域性垄断下的双向接入定价和国际电话结算费率的确定及对供应商利润的影响。

5.1 消费者类型为离散条件下的电信服务定价

电信服务有多种形式，其需求的含义也不完全相同。以电话为例，电话公司提供两种服务：首先，电话公司提供连接服务，将消费者连接到交换机上，使用户能收到和接听呼叫服务；其次，连接完成后，电话公司通过打包定价方式（可能包含数量折扣也可能不包含数量折扣）向用户销售呼叫服务。本节仅仅研究供应商

---

① 贾丹华：《因特网发展中的公共政策选择》，北京邮电大学出版社，2004 年。

提供的第一类服务，即将消费者连接到电信网络（如电话交换机）上。因此，假定每个潜在消费者都有一个连接需求，需要一条线连接到其住所。

5.1.1 电信服务需求效用函数

假设一个经济中有两类（H 和 L 类）消费者，希望连接到某种通讯服务上（如获得电话服务）。其中，该连接对 η_H 个 H 类消费者价值较高，对 η_L 个 L 类消费者价值较低。设连接到该服务的连接费为 p，实际连接消费者的数量为 q，则两类消费者的效用函数可以表示如下：

$$U_H = \begin{cases} \alpha_H q - p & \text{连接} \\ 0 & \text{不连接} \end{cases}$$

和 $\qquad\qquad\qquad\qquad\qquad\qquad\qquad\qquad$ (5-1)

$$U_L = \begin{cases} \alpha_L q - p & \text{连接} \\ 0 & \text{不连接} \end{cases}$$

式（5-1）中，α_H，α_L 分别衡量该服务对 H 类、L 类消费者的重要程度。假定 $\alpha_L \geqslant 1$，且 $\dfrac{\alpha_H}{\alpha_L} > \dfrac{(\eta_H + \eta_L)^2}{\eta_H^2}$，意味着 H 类消费者重视该连接服务。根据式（5-1），可以求出该经济中连接该服务的需求函数。假定不存在协调失效，即假定所有其他消费者都订购服务，如果同一类消费者中每个人都从订购服务中受益，那么，实际上所有消费者都将订购。图 5-1 给出了每个连接消费水平相对应的需求数量。

计算需求曲线的方法如下：

首先，从无穷大开始降价，然后根据式（5-1）在给定价格下解决下列问题：

（1）假定有 η_H 个消费者连接到该服务上，H 类消费者是否愿意连接；

（2）假定所有的 $\eta_H + \eta_L$ 个消费者都连接到该服务，L 类消费者是否愿意连接。

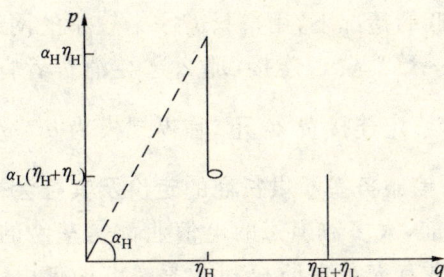

图 5-1 电信需求曲线,虚线表示临界规模

通过这一程序可以证明图 5-1 的确是从效用函数中推导出来的需求曲线。证明步骤如下:

(1) 低价位区间($0 < p \leqslant \alpha_L(\eta_H + \eta_L)$)内,在 $\eta_H + \eta_L$ 个消费者的情况下,H 类消费者的效用 $U_H = \alpha_H(\eta_H + \eta_L) - p > 0$,L 类消费者的效用 $U_L = \alpha_L(\eta_H + \eta_L) - p \geqslant 0$,因此需求数量是 $\eta_H + \eta_L$。

(2) 中间价位区间($\alpha_L(\eta_H + \eta_L) < p \leqslant \alpha_H \eta_H$)内,在 $\eta_H + \eta_L$ 个消费者的情况下,H 类消费者的效用 $U_H = \alpha_H(\eta_H + \eta_L) - p > 0$,但 L 类消费者的效用 $U_L = \alpha_L(\eta_H + \eta_L) - p < 0$,因此在该区间内需求数量不是 $\eta_H + \eta_L$;在仅涉及 H 类消费者 η_H 个消费者的情况下,H 类消费者的效用 $U_H = \alpha_H \eta_H - p > 0$,而 L 类消费者不购买服务时处境最佳 $U_L = 0$,因此在该区间内需求数量是 η_H。

(3) 在高价位区间($P > \alpha_H \eta_H$)内,由于 $U_H = \alpha_H \eta_H - p < 0$,$U_L = \alpha_L(\eta_H + \eta_L) - p < 0$,两类消费者的效用均为负数,因此无人订购服务。

【定义 5-1】

令 p_0 表示某种服务既定的连接费。临界规模 q 表示价格(连接费)为 p_0 时保证消费者能从订购服务中受益所需的最少消费者数量。

在电信业中,临界规模总是市场价格的函数,即市场价格上升时临界规模也随着上升,市场价格下降临界规模也随之下降,因为在价格较低的情况下，用户只需一个较小的网络规模就足够了。如果仅有一类消费者连接，那么这类消费者肯定是 H 类消费者。因此，在给定连接费 p_0 下，临界规模为 $q^{cm}(p_0) = \dfrac{p_0}{\alpha_H}$。

5.1.2 电信服务垄断供货商的定价及其社会福利

1980 年以前，大多数国家的电信业都是垄断的市场结构，它在整个国家内享有充分垄断权利。考虑市场仅由一家厂商提供连接服务，总需求曲线由图 5-1 给出，意味着垄断厂商面临的需求为：

$$q = \begin{cases} \eta_H + \eta_L & 0 < p \leqslant \alpha_L(\eta_H + \eta_L) \\ \eta_H & \alpha_L(\eta_H + \eta_L) < p \leqslant \alpha_H \eta_H \\ 0 & P > \alpha_H \eta_H \end{cases} \qquad (5\text{-}2)$$

从电信服务垄断供货商的技术角度出发有假设 5-1。

【假设 5-1】

为把每个消费者连接到网络服务上，垄断厂商必须花费 μ 单位的货币，$\mu < \min[\alpha_H \eta_H, \alpha_L \eta_L]$。此外，垄断厂商还要承担固定成本 ϕ，$\phi < \min\{\eta_H(\alpha_H \eta_H - \mu), \eta_L[\alpha_L(\eta_H + \eta_L) - \mu]\}$。对参数 μ, ϕ 的限制意味着即使仅仅销售给 L 类消费者，垄断厂商也不会蒙受损失。

根据假设 5-1 和需求函数 (5-2)，垄断厂商关于连接费的利润函数是：

$$\pi(p) = \begin{cases} (\eta_H + \eta_L)(p - \mu) - \phi & 0 < p \leqslant \alpha_L(\eta_H + \eta_L) \\ \eta_H(p - \mu) - \phi & \alpha_L(\eta_H + \eta_L) < p \leqslant \alpha_H \eta_H \\ 0 & P > \alpha_H \eta_H \end{cases} \quad (5\text{-}3)$$

根据假设 $\dfrac{\alpha_H}{\alpha_L} > \dfrac{(\eta_H + \eta_L)^2}{\eta_H^2}$，可以计算出 $\eta_H(\alpha_H \eta_H - \mu) - \phi > (\eta_H + \eta_L)[\alpha_L(\eta_H + \eta_L) - \mu] - \phi$，从而垄断厂商的利润最大化价格和利润为式 (5-4)。

$$P = \alpha_H \eta_H, \pi(p) = \eta_H(\alpha_H \eta_H - \mu) - \phi \qquad (5\text{-}4)$$

式(5-4)意味着所有 η_L 个 L 类消费者没有接受服务。

根据社会福利为消费者总效用加上垄断厂商的利润,则:

$$W = \eta_H U_H + \eta_L U_L + \pi$$

$$= \begin{cases} \alpha_H \eta_H^2 - \mu \eta_H - \phi & \text{仅当 H 连接} \\ (\eta_H + \eta_L)(\alpha_H \eta_H + \alpha_L \eta_L) - & \\ \mu(\eta_H + \eta_L) - \phi & \text{全部连接} \end{cases} \quad (5\text{-}5)$$

通过比较式(5-5)的社会福利水平的两个数值,得出当所有的消费者使用服务时社会福利最大。因此,电信服务垄断供货商通过收取高价格来实现服务于那些对服务重视较高的消费者,从而造成市场扭曲。

5.1.3 电信业中新厂商进入的定价及其社会福利

1980 年以后,政府意识到企业的独家垄断扭曲了市场结构,包括中国在内的很多国家在电信这个行业引入了竞争。

【假设 5-2】

在一个竞争性供货商的进入完成之后,管理者规定在位垄断者不能降低连接价格。

这意味着在位垄断厂商公司仅服务于 η_H 个 H 类消费者,当新厂商将其连接费降至垄断者之下可以服务于所有 η_L 个 L 类消费者。根据式(5-1),可以求出新厂商的需求,如式(5-6)。

$$q^e = \begin{cases} \eta_L & p \leqslant \alpha_L(\eta_H + \eta_L) \\ 0 & p > \alpha_L(\eta_H + \eta_L) \end{cases} \quad (5\text{-}6)$$

再根据假设 5-1 计算得到新厂商利润最大化的连接费和利润即式(5-7)。

$$P^e = \alpha_L(\eta_H + \eta_L), \pi^e = \eta_L[\alpha_L(\eta_H + \eta_L) - \mu] - \phi > 0 \quad (5\text{-}7)$$

新厂商进入前,一个 H 类消费者的效用是 $u_H = \alpha_H \eta_H - \alpha_H \eta_H = 0$;新厂商进入后,一个 H 类消费者的效用是 $u_H = \alpha_H(\eta_H + \eta_L) - \alpha_H \eta_H = \alpha_H \eta_L > 0$。新厂商进入前,一个 L 类消费者的效用是 $u_L = 0$;新厂商进入后,其效用是 $u_L = \alpha_L(\eta_H + \eta_L) - \alpha_L(\eta_H + \eta_L) = 0$。

新厂商的赢利从 0 上升到式(5-7)的水平,且在位厂商的盈利保持不变,因为在位厂商在进入发生前已经从他的客户那里得到了所有的收入。因此得到命题 5-1。

【命题 5-1】

新进入厂商增加已连接消费者的效用,在位厂商的利润不变;而新连接消费者的效用不变,新进入厂商的盈利增加。

5.1.4 扩展至三种消费者的类型

现在假定有三种消费者,用 i 表示,$i=1,2,3$。每类有 η 个消费者。令 q 表示连接到电信服务的消费者的人数,p 表示连接费。第 i 类消费者的效用用式(5-8)给出。

$$U_i=\begin{cases} \alpha_i q-p & \text{连接} \\ 0 & \text{不连接} \end{cases} \quad i=1,2,3 \tag{5-8}$$

其中 $\alpha_1<\alpha_2<\alpha_3$,且 $\alpha_3<3\alpha_1<2\alpha_2$。

根据式(5-8)及 5.1.1 中总需求的计算方法求出市场上有三类消费者条件下的需求函数:

$$q=\begin{cases} 3\eta & 0<p\leqslant 3\alpha_1\eta \\ 2\eta & 3\alpha_1\eta<p\leqslant 2\alpha_2\eta \\ 0 & \text{其他} \end{cases} \tag{5-9}$$

假设垄断者不承担与连接消费者到网络上的任何相关生产成本,根据式(5-9)可以计算出利润如式(5-10)所示。

$$\pi=\begin{cases} 3\alpha_1\eta 3\eta=9\eta^2\alpha_1 & p=3\alpha_1\eta \\ 2\alpha_2\eta 2\eta=4\eta^2\alpha_2 & p=2\alpha_2\eta \end{cases} \tag{5-10}$$

比较式(5-10)得出在效用函数(5-8)条件下,如果 $9\eta^2\alpha_1-4\eta^2\alpha_2>0$,即 $\alpha_1>\dfrac{4}{9}\alpha_2$ 时,整个市场均被提供,同时垄断厂商利润最大化,因此社会福利也最大化;如果 $9\eta^2\alpha_1-4\eta^2\alpha_2<0$,即 $\alpha_1<\dfrac{4}{9}\alpha_2$ 条件下,整个市场有 $\dfrac{2}{3}$ 部分被提供,同时垄断厂商的利润最大化,这时社会福利可能没有最大化,因此垄断厂商可能扭曲了

社会福利。

5.2 消费者类型为连续条件下的电信服务定价

5.2.1 电信服务需求效用函数

随着其他消费者连接到同一服务上,消费者从电信服务中得到的效用增加。假定消费者的数量为 η,均匀分布在消费者的类型 $[0,k]$,以较低的 x 值表示有较高支付意愿的消费者(他们重视交流),以较高的 x 值表示有较低支付意愿的消费者(他们不重视交流),图 5-2 给出了每个潜在消费者的类型 $[0,k]$ 的均匀分布。

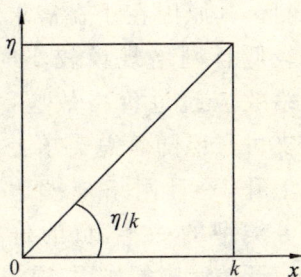

图 5-2 电信服务潜在消费者的均匀分布情况

用 $q(0 \leqslant q \leqslant \eta)$ 表示实际订购该电信服务的客户总数,p 表示订购该项服务的价格。定义 $x(0 \leqslant x \leqslant k)$ 类消费者的效用函数如下:

$$u_x = \begin{cases} (k-x)q^e - p & \text{订购} \\ 0 & \text{不订购} \end{cases} \tag{5-11}$$

其中 q^e 为消费者期望的订购电信网络服务的消费者数量。每个客户的效用都呈现出网络外部性,因为他随着消费者总的期望数量 q^e 的增加而增加。根据式(5-11)得到式(5-12)。

$$(k-x)q^e - p = 0 \quad 即 \quad \hat{x} = \frac{kq^e - p}{q^e} \tag{5-12}$$

【假设 5-2】

假设消费者有完美洞察力量,即 $q = q^e = \dfrac{\eta}{k}\hat{x}$。

将 $q = q^e = \dfrac{\eta}{k}\hat{x}$ 代入式(5-12)得到逆需求函数(5-13)。

$$p = \hat{\eta}\hat{x}\left(1 - \frac{\hat{x}}{k}\right) = -\frac{\eta}{k}\left(\hat{x} - \frac{k}{2}\right)^2 + \frac{\eta k}{4} \tag{5-13}$$

图 5-3 逆总需求曲线在需求水平较低时向上倾斜，在需求水平较高时向下倾斜。其原因在于在需求水平较低且网络规模较小时，网络效应超过价格效应，客户支付意愿随着总需求上升而上升，一旦网络规模达到服务类型的一半，负的价格效

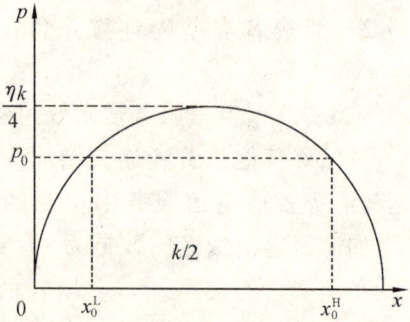

图 5-3　电信服务的需求曲线

应开始起支配作用，逆需求曲线变成向下倾斜。图 5-3 中连接费与逆需求曲线分别两次相交于点 $\hat{x}_0^{\mathrm{L}}$ 和 $\hat{x}_0^{\mathrm{H}}$，根据式(5-13)得到这两个点的具体值式(5-14)和式(5-15)。

$$\begin{cases} \hat{x}_0^{\mathrm{L}} = \dfrac{\eta - \sqrt{\eta^2 - 4 p_0 \dfrac{\eta}{k}}}{2\dfrac{\eta}{k}} \\[6mm] \hat{x}_0^{\mathrm{H}} = \dfrac{\eta + \sqrt{\eta^2 - 4 p_0 \dfrac{\eta}{k}}}{2\dfrac{\eta}{k}} \end{cases} \tag{5-14}$$

$$\begin{cases} q^{\mathrm{L}} = \dfrac{\hat{\eta}}{k} x_0^{\mathrm{L}} \\[4mm] q^{\mathrm{H}} = \dfrac{\hat{\eta}}{k} x_0^{\mathrm{H}} \end{cases} \tag{5-15}$$

5.2.2　零连接成本的垄断供货商连接费的制定和社会福利

假如电信服务有一家垄断公司提供且没有固定成本，增加一个客户的边际成本可以忽略不计，根据式(5-13)得到垄断供货商的利润函数(5-16)。

$$\pi(\hat{x}) = p\frac{\eta}{k}\hat{x} = \eta\hat{x}\left(1 - \frac{\hat{x}}{k}\right)\frac{\eta}{k}\hat{x} = \frac{\eta^2}{k}\hat{x}^2\left(1 - \frac{\hat{x}}{k}\right) \quad (5\text{-}16)$$

所以可得利润函数(5-16)的一阶条件和二阶条件为式(5-17)。

$$\begin{cases} \dfrac{d\pi}{dx} = \dfrac{\eta^2}{k}\hat{x}\left(2 - \dfrac{3\hat{x}}{k}\right) = 0 \\[3mm] \dfrac{d^2\pi}{dx^2} = \dfrac{\eta^2}{k}\left(2 - \dfrac{6\hat{x}}{k}\right) = 0 \end{cases} \quad (5\text{-}17)$$

式(5-17)的一阶条件表明 $\hat{x}=0$ 和 $\hat{x}=\dfrac{2k}{3}$ 为两个极点。其中 $\hat{x}=0$ 表示用户数为 0,其利润也为 0。将 $\hat{x}=0$ 代入式(5-17)的二阶条件大于 0,所以 $\hat{x}=0$ 不是极大值。同时将 $\hat{x}=\dfrac{2k}{3}$ 代入式(5-17)的二阶条件小于 0 且利润函数为严格凹函数,所以 $\hat{x}=\dfrac{2k}{3}$ 既是局部极大值点又是全局极大数值点。将 $\hat{x}=\dfrac{2k}{3}$ 代入式(5-13)和式(5-16)得到垄断企业的定价和利润水平即式(5-18)。

$$\begin{cases} p = \eta\hat{x}\left(1 - \dfrac{\hat{x}}{k}\right) = \dfrac{2\eta k}{9} = 0.22\eta k \\[3mm] \pi(\hat{x}) = p\dfrac{\eta}{k}\hat{x} = \dfrac{4\eta^2 k}{27} \approx 0.148\eta^2 k \end{cases} \quad (5\text{-}18)$$

因此,可以得到命题 5-2。

【命题 5-2】

垄断厂商将连接费定在使客户数量超过人口半数但小于全部人口数的水平时,垄断厂商可以得到最大化利润。

将 $\hat{x}=\dfrac{2k}{3}$ 和 $p=\dfrac{2\eta k}{9}$ 代入式(5-11),得到已连接消费者的效用为:

$$u_x = (k-x)q^e - p = \frac{2\eta}{9}(2k - 3x), x \in \left[0, \frac{2k}{3}\right] \quad (5\text{-}19)$$

根据式(5-18)和式(5-19)得到命题 5-3。

【命题 5-3】

消费者人数 η 的增长将增加垄断厂商的价格和利润,同时,尽管价格上升,消费者的效用仍然增加。这说明,尽管连接费上升,消费人数的增长仍会增加消费者的效用,即垄断商不能从用户身上攫取全部剩余。

5.2.3 有连接成本的垄断供货商连接费的制定和社会福利

将生产成本引入模型中,假设每多连接一个用户增加的成本为 μ,固定成本为 Φ。垄断供货商的利润函数(5-16)变为式(5-20)。

$$
\begin{aligned}
\pi(\hat{x}) &= (p-\mu)\frac{\eta}{k}\hat{x}-\Phi \\
&= \left[\eta\hat{x}\left(1-\frac{\hat{x}}{k}\right)-\mu\right]\frac{\eta}{k}\hat{x}-\Phi \quad (5\text{-}20) \\
&= \left[\frac{\eta^2}{k}\hat{x}^2\left(1-\frac{\hat{x}}{k}\right)-\mu\frac{\eta}{k}\hat{x}\right]-\Phi
\end{aligned}
$$

利润函数(5-20)的一阶条件和二阶条件是式(5-21)。

$$
\begin{cases}
\dfrac{\mathrm{d}\pi}{\mathrm{d}x}=\dfrac{\eta^2}{k}\hat{x}\left(2-\dfrac{3\hat{x}}{k}\right)-\mu\dfrac{\eta}{k}=0 \\[2mm]
\dfrac{\mathrm{d}^2\pi}{\mathrm{d}x^2}=\dfrac{\eta^2}{k}\left(2-\dfrac{6\hat{x}}{k}\right)=0
\end{cases}
\quad (5\text{-}21)
$$

式(5-21)的一阶条件表明 $\hat{x}=k\dfrac{\eta-\sqrt{\eta^2-\dfrac{3}{k}\mu\eta}}{3\eta}$ 和 $\hat{x}=k\dfrac{\eta+\sqrt{\eta^2-\dfrac{3}{k}\mu\eta}}{3\eta}$ 为两个极点。其中把较大极点代入式(5-21)的二阶条件为小于 0。同时证明 $\lim\limits_{\mu\to 0}\hat{x}=\lim\limits_{\mu\to 0}k\dfrac{\eta+\sqrt{\eta^2-\dfrac{3}{k}\mu\eta}}{3\eta}=\dfrac{2}{3}k$。

5.2.4 电信业的新厂商进入

在假设 4-2 下,从市场潜力上上看新厂商可以吸引所有 $\dfrac{\left(k-\dfrac{2k}{3}\right)\eta}{k}$ 个尚未通过在位厂商连接到网络上的潜在用户。图 5-4 表示了新厂商面临的剩余需求。

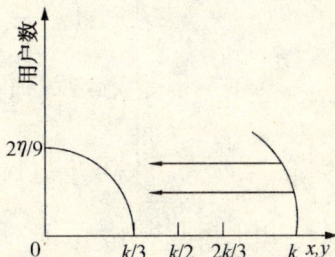

图 5-4　新厂商面临的剩余需求

根据式(5-14),有:

$$\hat{y}=\hat{x}-\frac{2}{3}k=\frac{\eta+\sqrt{\eta^2-4p_0\,\dfrac{\eta}{k}}}{2\,\dfrac{\eta}{k}}-\frac{2}{3}k \qquad (5\text{-}22)$$

变换式(5-22),得到新厂商面临的剩余逆需求函数和新厂商的可能利润函数为:

$$\begin{cases} p=\dfrac{2}{9}\eta k-\dfrac{1}{3}\eta\hat{y}-\dfrac{1}{k}\eta\hat{y}^2 \\[2mm] \pi=p\,\dfrac{\eta}{k}\hat{y}=\left(\dfrac{2}{9}\eta k-\dfrac{1}{3}\eta\hat{y}-\dfrac{1}{k}\eta\hat{y}^2\right)\dfrac{\eta}{k}\hat{y} \end{cases} \qquad (5\text{-}23)$$

对式(5-23)的利润函数求一阶条件和二阶条件得式(5-24)。

$$\begin{cases} \dfrac{\mathrm{d}\pi}{\mathrm{d}\hat{y}}=\dfrac{\eta^2}{k}\left(\dfrac{2}{9}k-\dfrac{2\hat{y}}{3}-\dfrac{3\hat{y}^2}{k}\right)=0 \\[2mm] \dfrac{\mathrm{d}^2\pi}{\mathrm{d}\hat{y}^2}=\dfrac{\eta^2}{k}\left(-\dfrac{2}{3}-\dfrac{6\hat{y}}{k}\right)=0 \end{cases} \qquad (5\text{-}24)$$

对式(5-24)中的一阶条件求出正根,并代入式(5-23)得到式(5-25)。

$$\begin{cases} \hat{y} = \left(-\dfrac{1}{9} + \dfrac{\sqrt{7}}{9} \right)k \approx 0.182k \\[2mm] p = \dfrac{\eta k}{81}(13 - \sqrt{7}) \approx 0.128k \\[2mm] \pi = \dfrac{\eta^2 k}{729}(14\sqrt{7} - 20) = 0.0234\eta^2 k \end{cases} \qquad (5\text{-}25)$$

用上标 E 表示新厂商,用上标 I 表示在位厂商。对比式(5-18)和式(5-25),有 $p^E \approx 0.128k < 0.22\eta k$ 和 $\pi^E \approx 0.0234\eta^2 k < \pi^I \approx 0.148\eta^2 k$。因此,新厂商收费较低,利润也低于在位厂商。在位厂商为分布在$[0, 0.67k]$的消费者类型提供服务,新厂商为分布在$[0.67, 0.85k]$消费者类型提供服务。根据上述分析,可以得到命题 5-4。

【命题 5-4】

电信业新厂商的进入在增加老用户和新连接用户效用的同时,也增加了新进入厂商的利润。其原因在于老用户因为网络规模扩大而受益,新用户因为连接到该服务而受益,新厂商则获得超过正常利润的盈利。

5.3　互联互通的接入定价

互联互通是指在不同电信网络之间建立有效的物理连接,以使一个电信运营企业的用户能够与另一个电信运营企业的用户相互通信,或者能够享用另一个电信运营企业提供的各种电信业务。企业之所以选择互联互通,是因为投入到基础设施上的固定成本和沉没成本相对于通过此类设施传送或发射单位的成本非常大,从而避免在相同设施重复投资的低效率。

5.3.1　互联网络接入定价的基本方法

假定最初有一个垄断电话服务供货商业提供长途(LD)和本地(LC)电话服务。在位厂商提供的长途和本地服务见图 5-5。

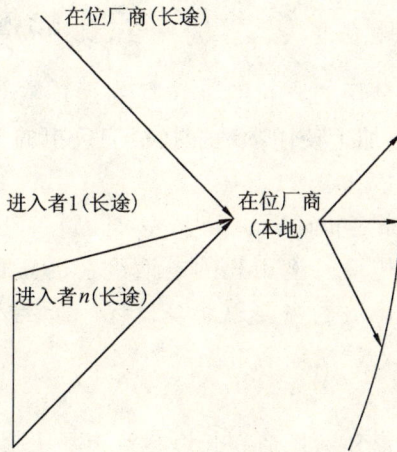

图 5-5　n 个新长途电话公司的单向接入

　　图 5-5 表明长途电话公司必须接入本地公司才能传输给目的地用户。本地电话呼叫仅由在位厂商提供，d^I 个长途电话由本地公司的用户发出，$d_i^E(i=1,2,\cdots,n)$ 由新进入长途公司 i 的用户发出。设 Φ^I 表示为本地服务而投资的基础设施的固定成本，如连接单个家庭和企业的电缆线和取得本地交换机的成本。设 μ_L^I 表示从本地交换机传输一个电话到本地用户的边际成本，即经营一个本地电话的成本。μ^I 表示在位厂商传输一个长途电话的单位成本，μ_i^E 为新厂商 i 传输一个长途电话的单位成本，最后令 q_L 表示本地电话呼叫数量，则本地厂商和在位长途电话厂商及新厂商的长途电话总成本分别是：

$$\begin{cases} TC_L^I = \mu_L^I(q_L + d^I + d_1^E + d_2^E + \cdots + d_n^E)\Phi^I, \ TC^I = \mu^I d^I \\ TC_i^E = (\mu_i^E + \alpha)d_i^E, \ (i=1,2,\cdots,n) \end{cases} \tag{5-26}$$

其中，α 是新厂商为了连接到在位厂商的本地交换机而支付给后者的接入费，它由管理当局决定。管制当局制定新厂商为连接到在位厂商的本地交换机而支付的接入费有两种方法。设 p^I 和 p_i^E 分别表示通过在位厂商和新厂商 i 进行长途电话呼叫的价格。

（1）完全分摊成本法。$\alpha = \mu_L^I + \dfrac{\Phi^I}{Q}$，其中 $Q = q_L + d^I + d_1^E + d_2^E + \cdots + d_n^E$。即新厂商支付给在位厂商因传输其电话呼叫而产生的边际成本，再加上使用本地交换机应负担的相应的部分固定成本。

（2）有效元素定价法。$\alpha = p^I - \mu^I$，即新厂商的接入费仅仅补偿在位厂商由于传输长途用户的电话给新厂商而蒙受的利润损失。有效元素定价法的主要思路是设计一个接入定价机制以阻止低效率厂商进入长途电话市场。

【命题 5-5】

假定在位厂商和新厂商在长途电话市场上展开竞争，在有效元素定价法下，仅单位成本 $\mu_i^E \leqslant \mu^I$ 的新厂商进入长途电话行业。

证明如下：

新厂商为吸引用户从在位厂商转而使用其长途电话业务必须使其价格 $p_i^E \leqslant p^I$。因此新厂商可获得的最大利润是 $\pi_i^E = (p_i^E - \mu_i^E - \alpha)d_i^E$，$(i = 1, 2, \cdots, n)$。因为在有效元素定价法下 $\alpha = p^I - \mu^I$，$\pi_i^E = [p^I - \mu_i^E - (p^I - \mu^I)]d_i^E = (\mu^I - \mu_i^E)d_i^E$，$(i = 1, 2, \cdots, n)$。因此，当且仅当 $\mu^I \geqslant \mu_i^E$ 时，$\pi_i^E \geqslant 0$，即新厂商比在位厂商更有效率。有效元素定价法比完全分摊成本法的另一个优势在于，它不要求管制者知道在位电话公司的生产成本。依赖于管制者对生产成本的了解程度的定价机制往往倾向于无效，其原因在于在位厂商为了从新厂商处得到更多的补偿总是夸大他们的生产成本。

5.3.2 区域性垄断下的双向接入定价

分析双头垄断电话业，其中有两个区域性的电话公司 A 和 B，η_A 个用

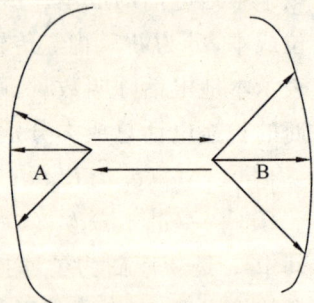

图 5-6 两个区域性的电话公司的双向接入

户订购 A 的服务，η_B 个用户订购 B 的服务。每个公司都提供如图 5-6 所示的本地(LC)和长途(LD)电话服务。

这里假定本地服务价格为 0 而仅关注长途服务的定价和接入费。每个电话公司 i 在其本地环路内传输 LC，同时将 LD 传输至竞争对手的交换机处，然后通过竞争对手传送至后者的本地环路。同时假定两个电话公司已经获得区域性垄断经营权。在需求方面，假设在 $i(i=A,B)$ 区域有 η_i^H 个高收入的潜在用户，他们愿意支付最高价为 β_i^H 的长途话费；同时，η_i^L 个低收入的潜在用户，他们愿意支付最高价为 β_i^L 的长途话费；令 p_A 表示 i 区域主叫的长途电话价格。订购区域 $i(i=A,B)$ 垄断商服务的每类用户的效用如下：

$$\begin{cases} u_i^H = \max\{\beta_i^H - p_i, 0\} \\ u_i^L = \max\{\beta_i^L - p_i, 0\} \end{cases} \quad (i=A,B) \qquad (5\text{-}27)$$

假定 $\beta_i^L < \beta_i^H < \dfrac{\eta_i^H + \eta_i^L}{\eta_i^H}\beta_i^L, i=A,B$，即高收入消费者愿意支

付的价格高于低收入消费者，但是低于 $\dfrac{\eta_i^H + \eta_i^L}{\eta_i^H}$ 与低收入者支付

价格之积。

令 $\alpha_{\overrightarrow{AB}}$ 表示 B 公司因利用其环路为 A 公司传输电话而向 A 公司收取的接入费。同样，令 $\alpha_{\overrightarrow{BA}}$ 表示 A 公司因利用其环路为 B 公司传输电话而向 B 公司收取的接入费。两个公司的利润为：

$$\begin{cases} \pi_A = q_A(p_A - \alpha_{\overrightarrow{AB}}) + q_B\alpha_{\overrightarrow{BA}} \\ \pi_B = q_B(p_B - \alpha_{\overrightarrow{BA}}) + q_A\alpha_{\overrightarrow{AB}} \end{cases} \qquad (5\text{-}28)$$

两个阶段的博弈顺序如下：

阶段 I：A 和 B 分别同时决定 $\alpha_{\overrightarrow{AB}}, \alpha_{\overrightarrow{BA}}$。

阶段 II：A 和 B 两个公司把收入费看成是给定的，同时决定其长途收费 p_A, p_B。

在阶段 II，因为每个电话公司都是一个地方垄断者(用户不

能选择电话公司),A 公司的收费不影响 B 公司的收费选择,其原因在于用户不能转换电话公司,从而每个公司 $i(i=A,B)$ 仅受其竞争对手制定的接入费的影响。

用逆向归纳法求解。

首先根据消费者的效用函数(5-27)可以求出两个公司的需求函数(5-29)。

$$q_i = \begin{cases} \eta_i^H + \eta_i^L & 0 < p_i \leqslant \beta_i^L \\ \eta_i^H & \beta_i^L \leqslant p < \beta_i^H \\ 0 & p_i > \beta_i^H \end{cases} \tag{5-29}$$

把式(5-29)代入式(5-28)得到公司的利润函数(5-30)。

$$\pi_i = \begin{cases} (\eta_i^H + \eta_i^L)(\beta_i^L - \alpha_{\overrightarrow{ij}}) + q_j \alpha_{\overrightarrow{ji}} & p_i = \beta_i^L \\ \eta_i^H(\beta_i^H - \alpha_{\overrightarrow{ij}}) + q_j \alpha_{\overrightarrow{ji}} & p_i = \beta_i^H (i,j=A,B \text{ 且 } i \neq j) \\ 0 & p_i > \beta_i^H \end{cases} \tag{5-30}$$

其次在阶段 II,每个区域公司都把接入费看成是给定的,因为当 $(\eta_i^H + \eta_i^L)(\beta_i^L - \alpha_{\overrightarrow{ij}}) + q_j \alpha_{\overrightarrow{ji}} > \eta_i^H(\beta_i^H - \alpha_{\overrightarrow{ij}}) + q_j \alpha_{\overrightarrow{ji}}$ 成立时,即有 $\alpha_{\overrightarrow{ij}} < \dfrac{(\eta_i^H + \eta_i^L)}{\eta_i^L}\beta_i^L - \dfrac{\eta_i^H}{\eta_i^L}\beta_i^H$。公司 i 制定价格 $p_i = \beta_i^L$ 比 $p_i = \beta_i^H$ 时,利润更大。因此有下式成立。

$$p_i = \begin{cases} \beta_i^L & \alpha_{\overrightarrow{ij}} < \dfrac{(\eta_i^H + \eta_i^L)}{\eta_i^L}\beta_i^L - \dfrac{\eta_i^H}{\eta_i^L}\beta_i^H \\ \beta_i^H & \dfrac{(\eta_i^H + \eta_i^L)}{\eta_i^L}\beta_i^L - \dfrac{\eta_i^H}{\eta_i^L}\beta_i^H < \alpha_{\overrightarrow{ij}} < \beta_i^H (i,j=A,B \text{ 且 } i \neq j) \\ \alpha_{\overrightarrow{ij}} & p_i > \beta_i^H \end{cases}$$

$$\tag{5-31}$$

最后在博弈阶段 I 有:

$$\pi_i = \begin{cases} q_j \alpha_{\overrightarrow{ji}} = \left[\dfrac{(\eta_j^H + \eta_j^L)}{\eta_j^L}\beta_j^L - \right. \\ \qquad \left. \dfrac{\eta_j^H}{\eta_j^L}\beta_j^H \right](\eta_j^H + \eta_j^L) & \alpha_{\overrightarrow{ji}} < \dfrac{(\eta_j^H + \eta_j^L)}{\eta_j^L}\beta_j^L - \dfrac{\eta_j^H}{\eta_j^L}\beta_j^H \\ \\ \eta_j^H \beta_j^H & \alpha_{\overrightarrow{ji}} > \dfrac{(\eta_j^H + \eta_j^L)}{\eta_j^L}\beta_j^L - \dfrac{\eta_j^H}{\eta_j^L}\beta_j^H \end{cases} \tag{5-32}$$

当 $\left[\dfrac{(\eta_j^H + \eta_j^L)}{\eta_j^L}\beta_j^L - \dfrac{\eta_j^H}{\eta_j^L}\beta_j^H \right](\eta_j^H + \eta_j^L) > \eta_j^H \beta_j^H$ 时,即 $\beta_j^H \leqslant$

$\left[\dfrac{(\eta_j^H + \eta_j^L)^2}{2\eta_j^H \eta_j^L + (\eta_j^H)^2}\beta_j^L \right]$ 时,有:

$$\alpha_{\overrightarrow{ji}} = \begin{cases} \dfrac{(\eta_j^H + \eta_j^L)}{\eta_j^L}\beta_j^L - \dfrac{\eta_j^H}{\eta_j^L}\beta_j^H & \beta_j^H \leqslant \dfrac{(\eta_j^H + \eta_j^L)^2}{2\eta_j^H \eta_j^L + (\eta_j^H)^2}\beta_j^L \\ \\ \beta_j^H & \beta_j^H > \dfrac{(\eta_j^H + \eta_j^L)^2}{2\eta_j^H \eta_j^L + (\eta_j^H)^2}\beta_j^L \end{cases} \tag{5-33}$$

因此有当 $\beta_i^H \leqslant \dfrac{(\eta_i^H + \eta_i^L)^2}{2\eta_i^H \eta_i^L + (\eta_i^H)^2}\beta_i^L$ 且 $\beta_j^H \leqslant \dfrac{(\eta_j^H + \eta_j^L)^2}{2\eta_j^H \eta_j^L + (\eta_j^H)^2}\beta_j^L$ 时有式(5-34)成立。

$$\pi_i = \dfrac{(\eta_j^H + \eta_j^L)}{\eta_j^L}\beta_j^L - \dfrac{\eta_j^H}{\eta_j^L}\beta_j^H \Big](\eta_j^H + \eta_j^L) + \\ (\eta_i^H + \eta_i^L)\dfrac{\eta_i^H}{\eta_i^L}(\beta_i^H - \beta_i^L) \tag{5-34}$$

当 $\beta_i^H \geqslant \dfrac{(\eta_i^H + \eta_i^L)^2}{2\eta_i^H \eta_i^L + (\eta_i^H)^2}\beta_i^L$ 且 $\beta_j^H \geqslant \dfrac{(\eta_j^H + \eta_j^L)^2}{2\eta_j^H \eta_j^L + (\eta_j^H)^2}\beta_j^L$ 时,有式(5-35)成立。

$$\pi_i = \eta_j^H \beta_j^H \tag{5-35}$$

根据式(5-35),可以计算出社会福利。定义社会福利为式(5-36)。

$$w = \eta_A^H u_A^H + \eta_A^L u_A^L + \pi_A + \eta_B^H u_B^H + \eta_B^L u_B^L + \pi_B \tag{5-36}$$

当 $\beta_A^H \leqslant \dfrac{(\eta_A^H + \eta_A^L)^2}{2\eta_A^H \eta_A^L + (\eta_A^H)^2}\beta_A^L$ 且 $\beta_B^H \leqslant \dfrac{(\eta_B^H + \eta_B^L)^2}{2\eta_B^H \eta_B^L + (\eta_B^H)^2}\beta_B^L$ 时

$$w = \eta_A^H \beta_A^H + \frac{(\eta_A^H)^2 + (\eta_A^L)^2}{\eta_A^L} \beta_A^L + \eta_B^H \beta_B^H +$$
$$\frac{(\eta_B^H)^2 + (\eta_B^L)^2}{\eta_B^L} \beta_B^L \qquad (5-37)$$

当 $\beta_A^H \geqslant \dfrac{(\eta_A^H + \eta_A^L)^2}{2\eta_A^H \eta_A^L + (\eta_A^H)^2} \beta_A^L$ 且 $\beta_B^H \geqslant \dfrac{(\eta_B^H + \eta_B^L)^2}{2\eta_B^H \eta_B^L + (\eta_B^H)^2} \beta_B^L$ 时,

$$w = \beta_A^H \eta_A^H + \beta_B^H \eta_B^H \qquad (5-38)$$

因此根据上面的计算结果,可以得到命题 5-6。

【命题 5-6】

① 当 $\alpha_{\overrightarrow{BA}} = \dfrac{(\eta_B^H + \eta_B^L)}{\eta_B^L} \beta_B^L - \dfrac{\eta_B^H}{\eta_B^L} \beta_B^H$ 且 $\alpha_{\overrightarrow{AB}} = \dfrac{(\eta_A^H + \eta_A^L)}{\eta_A^L} \beta_A^L - \dfrac{\eta_A^H}{\eta_A^L} \beta_B^H$

时,通过比较式(5-37)和式(5-38)的结果可知会产生高的社会福利。

② 当 $\beta_A^H \geqslant \dfrac{(\eta_A^H + \eta_A^L)^2}{2\eta_A^H \eta_A^L + (\eta_A^H)^2} \beta_A^L$ 且 $\beta_B^H \geqslant \dfrac{(\eta_B^H + \eta_B^L)^2}{2\eta_B^H \eta_B^L + (\eta_B^H)^2} \beta_B^L$ 时,通过分析式(5-33)知道有比较高的接入费,根据①的结论,高的接入费不能产生大的社会福利,因此出现了市场失效。

③ 当 $\beta_A^H \geqslant \dfrac{(\eta_A^H + \eta_A^L)^2}{2\eta_A^H \eta_A^L + (\eta_A^H)^2} \beta_A^L$ 且 $\beta_B^H \geqslant \dfrac{(\eta_B^H + \eta_B^L)^2}{2\eta_B^H \eta_B^L + (\eta_B^H)^2} \beta_B^L$ 时,社会最优政策要求政府制定两个接入费上限: $\alpha_{\overrightarrow{BA}} = \dfrac{(\eta_B^H + \eta_B^L)}{\eta_B^L} \beta_B^L - \dfrac{\eta_B^H}{\eta_B^L} \beta_B^H$ 且 $\alpha_{\overrightarrow{AB}} = \dfrac{(\eta_A^H + \eta_A^L)}{\eta_A^L} \beta_A^L - \dfrac{\eta_A^H}{\eta_A^L} \beta_A^H$。

5.3.3　接入价的国际电话结算费率

在国际长途电话中,由电话公司呼叫的利润由主叫国家的电话公司收取,这个利润在各国间随着需求水平不同而不同。当电话公司间的电话呼叫数量不平衡时,应通过某些方法给予补偿。补偿支付方法一般是协商每分钟固定费率,通常称为结算费率。用一个简单模型来分析两种市场下结算费率效应。假定世界上有两个国家,标记为 N 和 S。N 国有最多有 η_N 个消费者愿意主叫一个国际长途到 S 国,S 国有最多 η_S 个消费者愿意主叫一个国际长途到 N 国。假设 N 国有较高的人均收入，愿意主叫的消费者比 S 国多，表示为 $\eta_N > \eta_S$。N 国和 S 国每个消费者对电话呼叫值的评价 β_N, β_S，令 P_k 表示 k 国的电话公司向其消费者收取的话费，$k = N, S$。因此 k 国每个消费者的效用函数为：

$$u_N = \begin{cases} \beta_N - l_N P_N & \text{如果打国际长途} \\ 0 & \text{如果不打国际长途} \end{cases}$$

和 (5-39)

$$u_S = \begin{cases} \beta_S - l_S P_S & \text{如果打国际长途} \\ 0 & \text{如果不打国际长途} \end{cases}$$

令 α 表示国际接入费，即每个公司支付给外国公司传送其呼叫到最终目的的用户费用。每个国家的电话公司的利润由本国国际电话销售利润加上为传送呼入的国际电话而收取的接入费的构成，得到式(5-40)。

$$\begin{cases} \pi_N = (p_N - \alpha)\eta_N + \alpha\eta_S \\ \pi_S = (p_S - \alpha)\eta_S + \alpha\eta_N \end{cases}$$ (5-40)

假设 $\eta_N > \eta_S$，根据式(5-40)可以得到命题 5-7。

【命题 5-7】

国际电话结算费率 α 的增加将减少电话公司 N 的利润并增加电话公司 S 的利润。

该博弈模型的过程如下（设有两个阶段）：① 两个公司的代表同意达成一个共同结算费率 α；② 两个公司把结算费率看成既定的并分别制定价格 p_N, p_S 制定价格，以最大化其利润。可用逆向归纳法求解：

首先在第二个阶段，对给定的 α, k 国电话垄断价格 P_k 和从 k 国主叫的国际长途数量 q_k 为：

$$P_k = \begin{cases} \dfrac{\beta_k}{l_k} & \text{如果 } \alpha \leqslant \dfrac{\beta_k}{l_k} \\ \alpha & \text{如果 } \alpha > \dfrac{\beta_k}{l_k} \end{cases}$$

和 (5-41)

$$q_k = \begin{cases} \eta_k & \text{如果 } \alpha \leqslant \dfrac{\beta_k}{l_k} \\ 0 & \text{如果 } \alpha > \dfrac{\beta_k}{l_k} \end{cases}$$

其次在第一个阶段,国家通过谈判制定结算费率 α。令 α_N 表示使式(4-40)中的 π_N 最大化的接入费,$\alpha_N = 0$。令 α_S 表示使式(5-40)中的 π_S 最大化的接入费,$\alpha_S = \max\left[\dfrac{\beta_N}{l_N}, \dfrac{\beta_S}{l_S}\right] = m = \dfrac{\beta_N}{l_N}$。在谈判过程中,公司同意达成一个共同的连接费,它等于两个利润最大化的接入费的平均数,即 $\hat{\alpha} = \dfrac{\alpha_N + \alpha_S}{2} = \dfrac{m}{2}$。因此,可以得到式(5-42)、式(5-43)和式(5-44)。

$$\pi_N = (p_N - \alpha)\eta_N + \alpha\eta_S = \frac{\beta_N}{l_N}\eta_N + \frac{m}{2}(\eta_S - \eta_N)$$
$$= \frac{\beta_N}{2l_N}(\eta_S + \eta_N) \tag{5-42}$$

$$\pi_S = (p_S - \alpha)\eta_S + \alpha\eta_N = \frac{\beta_S}{l_S}\eta_S + \frac{m}{2}(\eta_N - \eta_S)$$
$$= \frac{\beta_S}{l_S}\eta_S + \frac{1}{2}\frac{\beta_N}{l_N}(\eta_N - \eta_S) \tag{5-43}$$

$$T_{\overrightarrow{NS}} = -T_{\overrightarrow{SN}} = \alpha(\eta_N - \eta_S) = \frac{1}{2}\frac{\beta_N}{l_N}(\eta_N - \eta_S) \tag{5-44}$$

根据上述各式,可得命题5-8。

【命题 5-8】

当电话公司在各自的国家实施国际长途电话上有完全垄断力量时有下述结论:

① 北方公司 N 支付给南方公司 S 的全部连接费超过它从南方收取的连接费。

② 尽管是超额支付,北方公司 N 仍有正的利润。

此命题的第二点很重要,因为它解释了为什么北方公司愿意签署协议,尽管它对南方公司存在净转移,但废除协议会恶化北方的状况,因为它的国际服务的利润将会降到 0。所以在面临较高需求的情况下,如果不签署此协议,高收入的国家将会损失更多,因此他们同意这样的结算费率。

【命题 5-9】

当电话公司在各自的国家内部在长途电话上实施完全竞争时有下述结论:

根据 $\pi_N = (p_N - \alpha) \eta_N + \alpha \eta_S$,$\pi_S = (p_S - \alpha) \eta_S + \alpha \eta_N$ 即式 (5-40),当电话公司在各自的国家内部互相竞争时,其内部利润应该为 0,即竞争性意味着两个公司都将国际电话价格定为 $p_N = p_S = \alpha$。因此可以得到 $\pi_N = \alpha \eta_S$,$\pi_S = \alpha \eta_N$,所以当电话公司随国际结算费 α 的增长能增加每个公司的利润,其中两个公司间的接入费等于其边际成本(因为提供国际长途服务的成本只有国际结算,竞争性定价意味着两个公司都将国际电话价格定为 $p_N = p_S = \alpha$,在竞争性的定价下将 $p_N = p_S = \alpha$ 代入利润函数,得到: $\pi_N = \alpha \eta_S$,且 $\pi_S = \alpha \eta_N$。等式表明,当每个国家电话业均为竞争性时,每个公司利润的唯一来源是接入费,所以当电话公司互相竞争时,国际结算费 α 的增长能增加每个公司的利润)。

【命题 5-10】

当电话公司一个在长途电话上实施完全竞争,一个在长途电话上实施完全垄断时,有下述结论:

根据式(5-40)和式(5-41),假设 $\eta_N > \eta_S$,则有:① 当 N 电话公司在国家内部互相竞争时,其内部利润应该为 0,即竞争性意味着 N 公司将国际电话价格定为 $p_N = \alpha$,而电话公司 S 在国家内部为完全垄断时,电话公司 S 将国际电话价格定为 $p_S = \dfrac{\beta_S}{l_S}$。因此可以得到 $\pi_N = \alpha \eta_S$,$\pi_S = (p_S - \alpha) \eta_S + \alpha \eta_N = \dfrac{\beta_S}{l_S} \eta_S + \alpha (\eta_N - \eta_S)$,所

以国际结算费 α 的增长能增加每个公司的利润；② 当 S 电话公司在国家内部互相竞争时，其内部利润应该为 0，即竞争性意味着 S 公司将国际电话价格定为 $p_S = \alpha$，而在国家内部为完全垄断时，N 电话公司将国际电话价格定为 $p_N = \dfrac{\beta_N}{l_N}$。

因此可以得到：

$$\pi_S = \alpha\eta_N,\ \pi_N = (p_N - \alpha)\eta_N + \alpha\eta_S = \frac{\beta_N}{l_N}\eta_N + \alpha(\eta_S - \eta_N)$$

所以国际结算费 α 的增长能增加 S 公司的利润，但减少 N 公司的利润。

本章首先通过分析了离散情况下消费者的效用函数，指出了垄断供应商的定价可能会造成市场扭曲以及新厂商的进入在扩展至三种类型的条件下可能会造成市场扭曲；然后分析了在连续情况下的无连接成本和有连接成本新厂商的进入在增加老用户和新连接用户的效用的同时，也增加新进入厂商的利润；最后分析了互联互通中的互联网络接入定价的基本方法（有效元素定价法）、区域性垄断下的双向接入定价和接入价的国际电话结算费率的确定、讨价还价以及对供应商利润的影响。

6 电视节目定价以及数字融合定价研究

电视业包括几个主要的环节:首先是电视节目的制作,一般由节目制作人员进行,通常电视节目制作公司将原材料如剧本、演员和其他人才等搜集起来,转化为节目成品,并将这些节目内容卖给电视台;然后电视台将节目播放给观众。有些节目是电视台自己制作,也有些是其他媒体制作的,一般来说观众需要每年交一定的费用才能收看有线电视节目①。

本章针对有线电视的问题,首先从电视节目制作方和电视台的关系分析设计最优合约;然后分析了电视节目时间的安排和节目类型以及电视节目的组合定价,通过构造社会福利函数来判断两种不同的情况下各自的最优模型;最后分析了在放松管制之前、部分放松管制、完全放松管制这三种情况下的数字融合定价问题。

6.1 电视节目购买的最优合约设计

6.1.1 完全信息条件下最优合约的设计

电视节目制作方(卖方)与想利用节目的电视台(买方)可能确立的最优合约,首先从完全信息条件下的最优合约开始。假设卖方是一个拥有电视节目制作的所有人,除了许可证合约,它不可能获得任何利润;买方是一个电视台(垄断者),他不购买合约

---

① 郭庆光,孟建:《媒体战略管理——案例分析》,华夏出版社,2004 年。

时的最好利润为 π^0,平均成本为 C^0。如果购买合约,则平均成本从 C^0 降为 C,其中 $C < C^0$。电视台的需求函数为 $Q = a - P > 0$,其中 a 为市场容量,P 为价格。此许可证合约规定,签署合约时电视台必须支付固定金额 F,再加上每单位销量的支付 V,V 是每次运用许可证播放时每单位销量支付的费用,合约要求计算 (F, V)。电视台购买该节目的利润函数为:

$$\pi_1 = (p - C - V) \times Q - F = (p - C - V) \times (a - p) - F \quad (6\text{-}1)$$

在电视节目制作方(卖方)确定的最优合约的条件下,电视台(买方)要使自己得到最大利润,必须满足:

$$\frac{\mathrm{d}\pi_1}{\mathrm{d}p} = 0$$

可以得到 $p = \dfrac{a + C + V}{2}$,再代回式(6-1)可以得出:

$$\pi_1 = (p - C - V) \times (a - p) - F = \left(\frac{a - C - V}{2}\right)^2 - F \quad (6\text{-}2)$$

另外买方要购买合约最大利润必须要满足:

$$
\begin{aligned}
\pi_1 &= (p - C - V) \times (a - p) - F \\
&= \left(\frac{a - C - V}{2}\right)^2 - F \geqslant \pi^0
\end{aligned}
\quad (6\text{-}3)
$$

因此可以得到:

$$F \leqslant \left(\frac{a - C - V}{2}\right)^2 - \pi^0 \quad (6\text{-}4)$$

卖方要出售合约必须在 $F \geqslant 0$ 和 $V \geqslant 0$ 的条件下,最大化其合约利润:

$$\max_{(F, V)} \pi_2 = F + VQ$$

$$
s.t \begin{cases}
F \geqslant 0 \\
V \geqslant 0 \\
F \leqslant \left(\dfrac{a - C - V}{2}\right)^2 - \pi^0
\end{cases}
\quad (6\text{-}5)
$$

可以计算出卖方要最大化其合约利润，F 取最大值 $F^* = \left(\dfrac{a-C-V}{2}\right)^2 - \pi^0$，再代入 π_2 的表达式得：

$$\pi_2 = \left(\frac{a-C-V}{2}\right)^2 - \pi^0 + VQ = \left(\frac{a-C-V}{2}\right)^2 - \pi^0 + V\frac{(a-C-V)}{2}$$

由 π_2 对 V 求导得 $V^* = 0$，满足约束条件(6-5)。因此卖方的最优合约为只包含固定支付，即 $F^* = \left(\dfrac{a-C-V}{2}\right)^2 - \pi^0$，$V^* = 0$。

6.1.2 不完全信息条件下最优合约的设计

(1) 买方比卖方拥有更多的私人信息条件下最优合约的设计

有关市场需求函数，买方可能知情更多；或者有关电视节目如何应用于特定的观众，买方拥有更多的信息。假定电视节目有两种可能类型，好的(g)和差的(b)。一项好的电视节目使买方平均成本为 C_g，而一项差的电视节目使买方平均成本为 C_b，这里 $C_g < C_b < C^0$。

买方购买该电视节目，在电视节目好的条件下，利润函数为：

$$\begin{aligned}\pi_{1g} &= (p_g - C_g - V) \times Q - F \\ &= (p_g - C_g - V) \times (a - p_g) - F\end{aligned} \tag{6-6}$$

在电视节目所有人(卖方)确定的最优合约的条件下，买方要使自己的利润最大，必须满足：

$$\frac{\mathrm{d}\pi_{1g}}{\mathrm{d}p_g} = 0$$

可以得到 $p_g = \dfrac{a + C_g + V}{2}$，再代回式(6-6)可以计算出：

$$\begin{aligned}\pi_{1g} &= (p_g - C_g - V) \times (a - p_g) - F \\ &= \left(\frac{a - C_g - V}{2}\right)^2 - F\end{aligned} \tag{6-7}$$

同时买方要购买合约最大利润必须要满足：

$$\pi_{1g} = (p_g - C_g - V) \times (a - p_g) - F = \left(\frac{a - C_g - V}{2}\right)^2 - F \geqslant \pi^0$$

于是可以得到:

$$F \leqslant \left(\frac{a - C_g - V}{2}\right)^2 - \pi^0 \tag{6-8}$$

同理,买方购买该电视节目,在电视节目差的条件下的利润、价格和固定支付分别为:

$$\pi_{1b} = (p_b - C_b - V) \times (a - p_b) - F$$
$$= \left(\frac{a - C_b - V}{2}\right)^2 - F \tag{6-9}$$

$$p_b = \frac{a + C_b + V}{2} \tag{6-10}$$

$$F \leqslant \left(\frac{a - C_b - V}{2}\right)^2 - \pi^0 \tag{6-11}$$

卖方对电视节目是好的或差的不清楚的条件下,必须对电视节目是好的或差的作一个推断,概率分别为 $q_1, 1 - q_1$。卖方要出售合约同时必须在 $F \geqslant 0$ 和 $V \geqslant 0$ 的条件下,并最大化其合约期望利润:

$$\max_{(F,V)} \pi_2 = q_1 \times (F + V \times Q_g) + (1 - q_1) \times (F + V \times Q_b)$$
$$= F + V[q_1 \times Q_g + (1 - q_1) \times Q_b]$$

$$s.t \begin{cases} F \geqslant 0 \\ V \geqslant 0 \\ F \leqslant \left(\dfrac{a - C_g - V}{2}\right)^2 - \pi^0 \\ F \leqslant \left(\dfrac{a - C_b - V}{2}\right)^2 - \pi^0 \end{cases} \tag{6-12}$$

可以计算出卖方要最大化其合约利润,F 取符合上述条件的最大值为 $F^{**} = \left(\dfrac{a - C_g - V}{2}\right)^2 - \pi^0$,再代入 π_2 的表达式得到:

$$\pi_2 = F + V[q_1 Q_g + \times (1 - q_1) \times Q_b]$$
$$= \left(\frac{a - C_b - V}{2}\right)^2 - \pi^0 + V[q_1(a - p_g) + (1 - q_1)(a - p_b)]$$

$$= \left(\frac{a - C_b - V}{2} \right)^2 - \pi^0 + V \left[q_1 \left(a - \frac{a + C_G + V}{2} \right) + \right.$$

$$\left. (1 - q_1) \left(a - \frac{a + C_b + V}{2} \right) \right]$$

由 π_2 对 V 求导得到：$V = q(C_b - C_g)$ 符合条件式（6-12）。因此可取 $V^{**} = q(C_b - C_g)$，再代回 F 的表达式可得：

$$F^{**} = \left(\frac{a - C_g - q(C_b - C_g)}{2} \right)^2 - \pi^0$$

因此 $V^{**} \geqslant V^*$（完全信息条件下）$= 0$，$F^{**} \leqslant F^*$（完全信息条件下）。只有当电视节目是好的推断 $q_1 = 0$ 时，才取等号。所以，不完全信息条件下的买方比卖方拥有更多的私人信息情况下的最优合约为：

$$F^{**} = \left(\frac{a - C_g - q(C_b - C_g)}{2} \right)^2 - \pi^0, V^{**} = q(C_b - C_g)$$

（2）卖方比买方拥有更多的私人信息条件下的最优合约的设计

只有电视节目制作方才知道电视节目使买方成本降低的程度。假定电视节目有两种可能类型，好的（g）和差的（b）。一项好的电视节目使平均成本为 C_g，而一项差的电视节目使买方平均成本为 C_b，这里 $C_g < C_b < C^0$。买方对电视节目不清楚的条件下，必须对卖方电视节目是好的或差的做一个推断分别为 $q_2, 1 - q_2$。电视台购买该电视节目的期望利润函数为：

$$\begin{aligned}
\pi_1 &= q_2 \left[(p_g - C_g - V_g) \times Q_g - F_g \right] + \\
&\quad (1 - q_2) \left[(p_b - C_b - V_b) \times Q_b - F_b \right] \\
&= q_2 \left[(p_g - C_g - V_g) \times (a - p_g) - F_g \right] + \\
&\quad (1 - q_2) \left[(p_b - C_b - V_b) \times (a - p_b) F_b \right]
\end{aligned} \tag{6-13}$$

分别对式（6-13）中 p_g, p_b 求导得到：

$$p_g = \frac{a + C_g + V_g}{2}, \quad p_b = \frac{a + C_b + V_b}{2}$$

再代回式（6-13）得到：

$$\pi_1 = q_2\left[\left(\frac{a-p_g-V_g}{2}\right)^2 - F_g\right] +$$
$$(1-q_2)\left[\left(\frac{a-p_b-V_b}{2}\right)^2 - F_b\right] \tag{6-14}$$

同时买方要购买合约最大利润必须要满足：

$$\pi_1 = q_2\left[\left(\frac{a-C_g-V_g}{2}\right)^2 - F_g\right] +$$
$$(1-q_2)\left[\left(\frac{a-C_b-V_b}{2}\right)^2 - F_b\right] > \pi^0 \tag{6-15}$$

假设买方无论在卖方的电视节目是好的还是差的条件下，都要求以下条件成立：

$$\begin{cases} \left(\dfrac{a-C_g-V_g}{2}\right)^2 - F_g > \pi^0 \\ \left(\dfrac{a-C_b-V_b}{2}\right)^2 - F_b > \pi^0 \end{cases} \tag{6-16}$$

因此从式(6-16)可得：

$$\begin{cases} F_g \leqslant \left(\dfrac{a-C_g-V_g}{2}\right)^2 - \pi^0 \\ F_b \leqslant \left(\dfrac{a-C_b-V_b}{2}\right)^2 - \pi^0 \end{cases} \tag{6-17}$$

在电视节目是好的条件下，卖方要出售合约必须在 $F_g > 0$，$V_g > 0$ 的条件下最大化其合约利润：

$$\max_{(F_g,V_g)}\pi_2 = F_g + V_g Q = F_g + V_g \times \left(\frac{a-C_g-V_g}{2}\right)$$

$$s.t \begin{cases} F \geqslant 0 \\ V \geqslant 0 \\ F_g \leqslant \left(\dfrac{a-C_g-V_g}{2}\right)^2 - \pi^0 \end{cases} \tag{6-18}$$

可以计算出在电视节目是好的条件下卖方要最大化其合约利润，卖方取 $F_g^* = \left(\dfrac{a-C_g-V_g}{2}\right)^2 - \pi^0$，再代回式(6-18)得到：

$$\pi_2 = F_g + V_g \times \left(\frac{a - p_g - V_g}{2} \right)$$

$$= \left(\frac{a - C_g - V_g}{2} \right)^2 - \pi^0 + V_g \times \left(\frac{a - C_g - V_g}{2} \right)$$

由 π_2 对 V_g 求导得 $V_g^* = 0$ 符合上述约束条件。因此卖方的最优合约为只包含固定支付 F_g^*。

同理，可求出 $F_b^* = \left(\frac{a - C_b - V_b}{2} \right)^2 - \pi^0$ 和 $V_b^* = 0$。

所以，卖方在知道电视节目是好的或差的条件下的固定支付是不同的，好的比差的高，即 $F_g^{***} > F_b^{***}$，可变支付是相同的，即 $V_g^{***} = V_b^{***} = 0$。

通过上述分析，可以得出如下结论：

① 完全信息条件下的最优合约的设计，买卖双方接受的最佳合约为 $F^* = \left(\frac{a - C - V}{2} \right)^2 - \pi^0$，$V^* = 0$，即只有固定支付，变动支付为 0。

② 不完全信息条件下的买方比卖方拥有更多的私人信息条件下的最优合约的设计，买卖双方接受的最佳合约为 $F^{**} = \left(\frac{a - C_g - q(C_b - C_g)}{2} \right)^2 - \pi^0$，$V^{**} = q(C_b - C_g)$。不完全信息条件下的卖方比买方拥有更多的私人信息条件下的最优合约的设计，买卖双方接受的最佳合约为 $F_g^{***} = \left(\frac{a - C_g - V_g}{2} \right)^2 - \pi^0$，$V_g^{***} = 0$，$F_b^{***} = \left(\frac{a - C_b - V_b}{2} \right)^2 - \pi^0$，$V_b^{***} = 0$。①

---

① $*$ 表示完全信息条件下的解，$**$ 表示不完全信息条件下买方比卖方拥有更多信息的最优解，$***$ 表示不完全信息条件下卖方比买方拥有更多信息的最优解。

6.2 电视节目安排

6.2.1 时间安排竞争

如果在一段时间内特定观众可以作为电视台的市场目标,那么各家电视台就不得不直接地争取观众,因此节目的时间安排成为该行业中主要的战略竞争手段。本小节从博弈论的角度对节目的时间安排进行分析,分别对"双向"观众和"单向"观众这两种情况进行讨论,通过构造社会福利函数,对得到的均衡解进行评价。

(1)"双向"观众的节目时间安排

"双向"观众是能在他们喜欢的任何时间内收看喜欢的节目,即使自己最喜欢的节目比自己的理想时间播出要早。下面通过建模的方式来讨论这个问题。

1)模型 I:两家电视台

【假设 6-1】

① 观众在理想的收视时间上存在的时间差异是固定的;

② 观众会选择那些播送时间与自己的理想收视时间最接近的节目;

③ 如果所有的电视台都在同样的时间提供同样的节目,或者说两台之间的观众不存在差别,那么,所有的电视台将会均等地瓜分整个收视人口;

④ 电视台的利润与它的收视率成正比,通常定义电视台的利润 $\pi = \rho \cdot q$,这里 q 表示观众数量,ρ 表示电视台从节目中获得的人均收入。

假定共有两家电视台分别用 A 和 B 表示,约有 2η 个潜在观众,他们的理想观看时间为5 P.M. (P.M. 表示下午,下同);η 个观众的理想收听时间为6 P.M.;η 个观众的理想收听时间为 7 P.M.。用 t_A 表示 A 台的节目播出时间,用 t_B 表示 B 台的节目播出时间。运用博弈理论,可以求出纳什均衡的播出时间。

首先可以根据已知条件得到观众理想的黄金时间的分配情况，如图 6-1 所示。

然后写出 A 和 B 的双变量矩阵，如表 6-1 所示。

如果 A 台和 B 台都选择在 5 $P.M.$ 播出自己的节目，因为"双向"观众可以在他们喜欢的

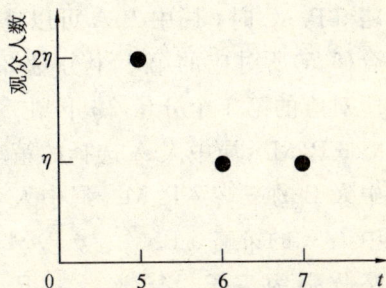

图 6-1 黄金时间内观众的分配情况

任何时间内收看节目，所以所有的观众（即 4η）都以选择收看 5 $P.M.$ 的节目，此时 A 台和 B 台平分观众，所以有 2η 的观众收看 A 台的节目，有 2η 的观众收看 B 台的节目。如果 A 台选择在 5 $P.M.$ 播出节目，那么 B 台会选择在 6 $P.M.$ 播出节目，根据假设 6-1②，得出理想观看时间为 6 $P.M.$ 和 7 $P.M.$ 的观众都会选择收看在 6 $P.M.$ 播出的节目，所以有 2η 的观众收看 A 台的节目，有 $(\eta+\eta)$ 的观众收看 B 台的节目。表 6-1 的其他数据，可以类似方法得到。

表 6-1 "双向"观众的黄金时间节目均衡分布情形

电视台 B

		5	6	7
电视台 A	5	$(2\eta, 2\eta)$	$(2\eta, 2\eta)$	$(5\eta/2, 3\eta/2)$
	6	$(2\eta, 2\eta)$	$(2\eta, 2\eta)$	$(3\eta, \eta)$
	7	$(3\eta/2, 5\eta/2)$	$(\eta, 3\eta)$	$(2\eta, 2\eta)$

注：所有记录（利润水平）均应乘以 ρ。

对于二人有限策略型博弈模型纳什均衡的求解，可在其支付矩阵上通过"划线法"来完成。在上述矩阵中，固定局中人 B 的策略 5 P.M.，局中人 A 若选择 5 P.M.，收益为 2η；若选择 6 P.M.，收益为 2η；若选择 7 P.M.，收益为 $3\eta/2$，因而固定局中人 B 的策

略 5 P. M. 时，局中人 A 可以选择 5 P. M. 或者 6 P. M. ，在策略组合 (5,5) 所对应的第 1 个分量 2η 下划一短线，在策略组合 (5,6) 所对应的第 1 个分量 2η 下划一短线。同样，固定局中人 B 的策略 6 P. M. ，局中人 A 选择的策略为 5 P. M. 或者 6 P. M. ；固定局中人 B 的策略 7 P. M. ，局中人 A 选择的策略为 6 P. M. ；固定局中人 A 的策略 5 P. M. ，6 P. M. ，7 P. M. 时，局中人 B 选择的策略分别为 5 P. M. 或者 6 P. M. ，5 P. M. 或者 6 P. M. 以及 6 P. M. 。

这时，表 6-1 就转换为表 6-2：

表 6-2　"双向"观众的黄金时间节目安排博弈(划线法)

电视台 B

		5	6	7
	5	$(\underline{2\eta},\underline{2\eta})$	$(\underline{2\eta},\underline{2\eta})$	$(5\eta/2,3\eta/2)$
电视台 A	6	$(\underline{2\eta},\underline{2\eta})$	$(\underline{2\eta},\underline{2\eta})$	$(3\eta,\eta)$
	7	$(3\eta/2,5\eta/2)$	$(\eta,3\eta)$	$(2\eta,2\eta)$

从表 6-2 可以清楚地看到，支付矩阵中的元素 (5,5)，(5,6)，(6,5) 和 (6,6) 下都划上了短线，其所对应的策略组合 (5,5)，(5,6)，(6,5) 和 (6,6) 都是纳什均衡。

在模型 I 中，如果理想收视时间为 5 P. M. ，潜在观众数量从 2η 上升到 3η，那么之前所求到的纳什均衡将会发生改变。用"划线法"可以重新求得新的纳什均衡。具体过程与上面相似，最后的纳什均衡为 $(t_A, t_B) = (5,5)$。

在模型 I 的不同条件下，博弈结果 (5,5) 均为纳什均衡，所以，可以得出：

【命题 6-1】

在消费者理想的收视时间均匀分布的情况下，两家电视台在同一时间内播放的纳什均衡总是存在的。这个结论背后的推论

是如果电视台不在同一时间内播出,那么有如下推论:

【推论 6-1】

它们必须在相邻的时间段内播出,否则任一电视台都可以向另一电视台靠拢,以吸引额外时间段内的观众。如在模型 I 中,不存在 $(5,7)$ 或者 $(7,5)$ 这种在时间上不相邻的纳什均衡,所得到的纳什均衡要么是在同一时间内,要么是在相邻的时间段内。

【推论 6-2】

在这种情况下,如果双方平分市场而且是在不同时间段内播出,那么,此时它们获得的利润与在同一时间段内播出所获得的利润相同,因此,在相同时间内播出是一个纳什均衡。

在模型 I 中,如果两个电视台平分市场,而且电视台 A 的播出时间是 5 P.M.,电视台 B 的播出时间是 7 P.M.,此时它们获得的利润为 $5\eta/2+3\eta/2=4\eta$;如果它们都在 5 P.M. 播出各自的节目,则此时它们获得的利润为 $2\eta+2\eta=4\eta$,这就证明了推论 6-2。

【推论 6-3】

如果两家电视台的利润水平不同,那么必定有一家电视台所占的市场份额超过整个市场的一半,而另一家电视台低于一半。此时,低于一半的电视台将会偏离均衡,并与高利润电视台在相同的时间段内播出节目,从而将其市场份额提高至市场的一半。此时,在相同时间内播出再一次构成纳什均衡。

2）模型 II:三家电视台

同假设 6-1。

假定共有三家电视台分别用 A,B,C 表示,总共有 3η 个潜在的观众,他们的理想观看时间为 5 P.M.;η 个观众的理想收看时间为 6 P.M.;η 个观众的理想观看时间为 7 P.M.。用 t_A 表示 A 台的节目播出时间,用 t_B 表示 B 台的节目播出时间,用 t_C 表示 C 台的节目播出时间。可以求出纳什均衡的播出时间组合。

求三家电视台构成纳什均衡的播出时间组合,只需要固定其中一个台（如 C 台）的播出时间，这样接下来的求解过程与模型 I 的解题过程类似，但是对于最后结果还需要进一步的讨论。

步骤 1：根据条件得到观众理想的黄金时间的分配情况，如图 6-2 所示：

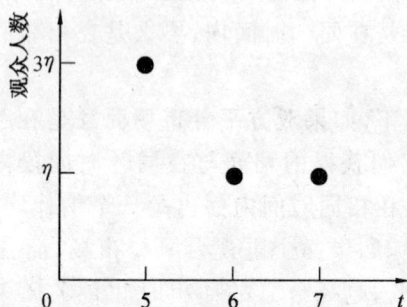

图 6-2　黄金时间内观众的分配情况

步骤 2：先讨论 $t_c = 5$ P. M.（即 C 台选择播出的时间是 5 P. M.）的情况。

首先根据条件写出三个三变量博弈矩阵，如表 6-3、表 6-4、表 6-5 所示。

表 6-3　"双向"观众黄金时间节目安排均衡分布情形

		电视台 B		
		5	6	7
电视台 A	5	$(5\eta/3, 5\eta/3, 5\eta/3)$	$(3\eta/2, 2\eta, 3\eta/2)$	$(11\eta/6, 4\eta/3, 11\eta/6)$
	6	$(2\eta, 3\eta/2, 3\eta/2)$	$(\eta, \eta, 3\eta)$	$(\eta, \eta, 3\eta)$
	7	$(4\eta/3, 11\eta/6, 11\eta/6)$	$(\eta, \eta, 3\eta)$	$(5\eta/6, 5\eta/6, 10\eta/3)$

注：$t_c = 5$ P. M. 所有记录（利润水平）均应乘以 ρ。

表 6-4 "双向"观众黄金时间节目安排均衡分布情形

电视台 B

电视台 A		5	6	7
	5	$(3\eta/2,3\eta/2,2\eta)$	$(3\eta,\eta,\eta)$	$(3\eta,\eta,\eta)$
	6	$(\eta,3\eta,\eta)$	$(5\eta/3,5\eta/3,5\eta/3)$	$(2\eta,\eta,2\eta)$
	7	$(\eta,3\eta,\eta)$	$(\eta,2\eta,2\eta)$	$(\eta/2,\eta/2,4\eta)$

注:$t_c=6$ P.M. 所有记录(利润水平)均应乘以 ρ。

表 6-5 "双向"观众黄金时间节目安排均衡分布情形

电视台 B

电视台 A		5	6	7
	5	$(11\eta/6,11\eta/6,4\eta/3)$	$(3\eta,\eta,\eta)$	$(10\eta/3,5\eta/6,5\eta/6)$
	6	$(\eta,3\eta,\eta)$	$(2\eta,2\eta,\eta)$	$(4\eta,\eta/2,\eta/2)$
	7	$(5\eta/6,10\eta/3,5\eta/6)$	$(\eta/2,4\eta,\eta/2)$	$(5\eta/3,5\eta/3,5\eta/3)$

注:$t_c=7$ P.M.,所有记录(利润水平)均应乘以 ρ。

采用"划线法",可以简单方便地求出纳什均衡,具体过程与模型 I 相似,得到在固定 $t_c=5$ P.M. 的条件下,纳什均衡为:

$$(t_A,t_B,t_C)=(5,6,5),(t_A,t_B,t_C)=(6,5,5)$$

需要注意的是,现在得到的博弈结果并不是最后结果,因为这是在固定 C 台播出时间的条件下所求得的博弈结果,关于整体情况下的纳什均衡,需要比较在不同的条件下所得到的相应的纳什均衡,最后才能得出最终的纳什均衡。

对于 $t_c=6$ P.M.,$t_c=7$ P.M. 这两种情况,可以用相同的方法进行计算:

在固定 $t_c=6$ P.M. 的条件下,纳什均衡为:$(t_A,t_B,t_C)=(5,5,6)$,

在固定 $t_c=7$ P.M. 的条件下,纳什均衡为:$(t_A,t_B,t_C)=(5,5,7)$。

步骤 3:在这三种情况下,共有四个结果,需要逐个检验。先检验结果 $(t_A,t_B,t_C)=(5,6,5)$。

① 电视台 A 单方面偏离对利润的影响为：

$$\begin{cases} \pi_A(5,6,5) = 3\rho \cdot \eta/2 > \rho \cdot \eta = \pi_A(6,6,5) \\ \pi_A(5,6,5) = 3\rho \cdot \eta/2 > \rho \cdot \eta = \pi_A(7,6,5) \end{cases} \quad (6\text{-}19)$$

② 电视台 B 单方面偏离对利润的影响为：

$$\begin{cases} \pi_B(5,6,5) = 2\rho \cdot \eta > 5\rho \cdot \eta/3 = \pi_B(5,5,5) \\ \pi_B(5,6,5) = 2\rho \cdot \eta > 4\rho \cdot \eta/3 = \pi_B(5,7,5) \end{cases} \quad (6\text{-}20)$$

③ 电视台 C 单方面偏离对利润的影响为：

$$\begin{cases} \pi_A(5,6,5) = 3\rho \cdot \eta/2 > \rho \cdot \eta = \pi_A(5,6,6) \\ \pi_A(5,6,5) = 3\rho \cdot \eta/2 > \rho \cdot \eta = \pi_A(5,6,7) \end{cases} \quad (6\text{-}21)$$

可以得出，策略组合 $(t_A, t_B, t_C) = (5,6,5)$ 是一个纳什均衡。

对于其他结果，可以用类似的方法进行证明，所以本模型的纳什均衡为：

$$(t_A, t_B, t_C) = (5,6,5), (t_A, t_B, t_C) = (6,5,5), (t_A, t_B, t_C) = (5,5,6)$$

从该模型可以得出：

【命题 6-2】

在消费者理想的收视时间不均匀分布的情况下，不存在三家电视台在同一时间内播出的均衡。

命题 6-2 的预测可以在中国社会观察到。中央电视台、江苏电视台和上海电视台在晚间新闻市场上进行竞争，其中两家电视台在相同时间播出新闻，另一家则在稍后时间播出。

3）模型Ⅰ和Ⅱ的社会福利

为了计算社会福利，需要先定义观众的效用函数，这里只涉及观众的收看时间，即他们喜欢在与其理想时间尽可能接近的时间段内收看电视。如果观众的理想时间为 $\hat{t}$，收看节目时间为 t，假设将其效用定义为：

$$U_i(t) = \beta - \delta |t - \hat{t}| \quad (6\text{-}22)$$

其中，β 为观众收看电视节目所得到的基本效用（$\beta > 0$）。δ 是效用损失差异参数，为观众因不得不比其理想时间提前或稍后一个小时收看节目而产生的效用损失($\delta > 0$)。

社会福利函数可以定义为观众效用的总和与电视台利润之和。然而,在上面两个基本模型中,所有的观众都接受服务,因此,社会最优恰好与使观众总体福利最大化的节目安排一致。此时,它等同于使观众偏离理想时间所导致的效用总损失最小化的节目安排。

对于模型 I 的 4 个博弈结果,可以通过构造社会福利函数讨论从社会福利的角度考虑,哪一种博弈结果对于社会来说是最优的。

$$社会福利 \sum(5,5) = \sum\pi_5 + \sum\pi_6 + \sum\pi_7$$
$$= 2\eta\beta\rho + \eta(\beta-\delta)\rho + \eta(\beta-2\delta)\rho$$
$$= 4\eta\beta\rho - 3\eta\delta\rho \tag{6-23}$$

$$社会福利 \sum(5,6) = \sum(6,5) = 2\eta\beta\rho + \eta\beta\rho + \eta(\beta-\delta)\rho$$
$$= 4\eta\beta\rho - \eta\delta\rho \tag{6-24}$$

$$社会福利 \sum(6,6) = 2\eta(\beta-\delta)\rho + \eta\beta\rho + \eta(\beta-\delta)\rho$$
$$= 4\eta\beta\rho - 3\eta\delta\rho \tag{6-25}$$

因为纳什均衡$(t_A, t_B) = (5,5)$与$(t_A, t_B) = (6,6)$的社会福利比较小,所以从社会福利的角度来看,博弈结果(5,6)和(6,5)优于博弈结果(5,5)和(6,6)。

对于模型 II 的博弈结果,可以用相同的方法来计算,最后得出:

博弈结果(5,6,5)、(6,5,5)和(5,5,6)的社会福利相同,均为$(5\beta-\delta)\eta\rho$。

根据式(6-23)、式(6-24)、式(6-25)的计算结果可以得到命题 6-3。

【命题 6-3】

① 当 A,B 两家电视台的播出时间分别为 $t_A = 5$ 和 $t_B = 6$ 时

或者 $t_A = 6$ 和 $t_B = 5$ 时，社会福利最大。

② 由于两家电视台有可能在相同时间段内播出节目，因此会出现市场失灵。

命题 6-3 阐述了在节目播出时间安排方面的内在市场失灵，它与电视台倾向于在相同时间里播放相同节目而消费者的理想收视时间存在异质偏好差异冲突有关。然而这种时间安排上的市场失灵会导致一种新的节目播放时间出现，其中有线电视台专注于滚动新闻、购物、体育等，这些节目每隔 1~2 个小时会重复播出。

（2）"单向"观众的节目时间安排

1）模型Ⅲ：两家电视台

假定观众之前在工作，在其理想收视时间才回到家中，也就是说，观众不可以观看在其理想收视时间之前播出的节目。

模型Ⅲ的假设与模型Ⅰ相同，条件也相同，不过模型Ⅲ的观众是属于"单向"观众，根据条件可以写出标准形式的博弈矩阵，如表 6-6 所示。

表 6-6 "单向"观众的黄金时间节目安排均衡分布情形

电视台 B

		5	6	7
电视台 A	5	(η, η)	$(2\eta, \eta)$	$(2\eta, 2\eta)$
	6	$(\eta, 2\eta)$	$(3\eta/2, 3\eta/2)$	$(3\eta, \eta)$
	7	$(2\eta, 2\eta)$	$(\eta, 3\eta)$	$(2\eta, 2\eta)$

注：所有记录（利润水平）均应乘以 ρ。

【命题 6-4】

对"单向"观众来说，在播出时间上不存在纳什均衡。具体的证明过程可采用划线法，最后结果是纳什均衡不存在。

命题 6-4 的意义是每一个电视台都把自己的节目安排在竞争对手既定的播出时间之前作为自己的反应，然而如果竞争对手"很晚"才安排节目，那么电视台做出的反应将是尽可能早地安排自己的节目,即 $t=5$,以此吸引所有较早回家的观众。例子中,A台选择的播出时间比 B 台早。

2)模型Ⅳ:三家电视台

模型Ⅳ的假设与模型Ⅱ相同,假定共有三家电视台,分别用A、B、C 台表示,总共有 3η 个潜在的观众,他们的理想观看时间为 5 P.M.;η 个观众的理想观看时间为 6 P.M.;η 个观众的理想观看时间为 7 P.M.。用 t_A 表示 A 台的节目播出时间,用 t_B 表示 B台的节目播出时间,用 t_C 表示 C 台的节目播出时间。同时,每个电视台只能在一个时间段内播送自己的节目。

对于该模型,可以得出结论:对"单向"观众来说,三家电视台在播出时间上不存在纳什均衡。具体证明过程与模型 III 的证明过程类似。由于"单向"观众不存在纳什均衡,所以讨论"单向"观众的社会福利问题没有实际的意义。

6.2.2 节目类型竞争

(1)两家电视台

前面的小节一直假定电视台只从节目时间安排的角度进行竞争。然而,在电视台之间也存在另一种竞争方式,即播出节目的类型以及内容上的竞争。事实证明,如果可以自由进入的话,那么只要社会最优,最终所有类型的节目都是可以播出的。相反,进入壁垒使得少数几家电视台只集中于那些较流行的节目而忽略了不太流行的节目。流行节目的大量重复以及不太流行节目的缺乏造成了一种社会次优配置。

【假设 6-2】

存在三种可能的节目类型,用 i 来表示,$i=1,2,3$。例如,类型 1 可能是谈话类节目,类型 2 为新闻节目,类型 3 为有关犯罪的节目,等等。每一类型节目 i 的观众有 η_i 个,节目类型以递减的观众数量顺序标注,因此有:

$$\eta_1 > \eta_2 > \eta_3$$

【假设 6-3】

① 节目只能在黄金时段内播出,因此每家电视台最多只能播出一档节目。

② 如果几个台选择播出时间相同类型的节目,那么节目的观众将在这几个台中均分。

假设有两家电视台,分别用 $j = A, B$ 来表示,不存在生产成本。同前,每个台都能从每个客户身上赚取 ρ,因此,各个台试图使自己的观众数量最大化。用 $s_j \in 1, 2, 3$ 代表 j 台的行动选择节目类型,寻找节目类型选择的纳什均衡。

【命题 6-5】

① 如果 $\eta_1 > 2\eta_2$,则 $(s_A, s_B) = (1, 1)$(两家电视台都将只播出最流行的节目),将构成一个纳什均衡。

② 如果 $\eta_2 < \eta_1 < 2\eta_2$,则存在两种纳什均衡 $(1, 2)$ 和 $(2, 1)$,其中恰好有 1 家电视台播出节目 1,另一家播出节目 2。

表 6-7 节目类型均衡分布情形

电视台 B

电视台 A		1	2	3
	1	$(\eta_1/2, \eta_1/2)$	(η_1, η_2)	(η_1, η_3)
	2	(η_2, η_1)	$(\eta_2/2, \eta_2/2)$	(η_2, η_3)
	3	(η_3, η_1)	(η_3, η_2)	$(\eta_3/2, \eta_3/2)$

注:所有记录(利润水平)均应乘以 ρ

如果每一观众选择的节目得以播出,则设其可获得效用 $U_i = \beta$,如果他选择的节目不被播出,则 $U_i = 0$。把社会福利函数定义为所有观众的效用以及电视台利润之和,因此,根据命题6-5中分析的两组参数范围,比较上述代表性结果的社会福利水平,可得如下等式:

社会福利 $W(1,1) = U_1 + \pi_1 + \pi_2$

$$= \eta_1 \cdot \beta + (\eta_1/2 + \eta_1/2) \cdot \rho \qquad (6\text{-}26)$$

$$= \eta_1(\beta + \rho)$$

社会福利 $W(1,2) = W(2,1) = (\eta_1 + \eta_2)(\beta + \rho) \qquad (6\text{-}27)$

【命题 6-6】

只有当两家电视台播出不同节目时,社会福利才会达到最大。

(2) n 家电视台

设有 n 家电视台可供选择 m 部电视节目在某段时间内播放。电视台的收益为观众数乘以 ρ。假设偏好第 $k = 1,2,\cdots,m$ 部电视节目的观众为 n_k,且 $n_1 > n_2 > \cdots > n_m$, $n_1 > nn_2$ 如果有几个电视台同时播放同一部节目,则它们均分观众。

首先建立策略性博弈模型 $G = \langle N; S_1, S_2, \cdots, S_n; u_1, u_2, \cdots, u_n \rangle$,其中局中人集合 $N = \{1,2,\cdots,n\}$, $i \in N$ 表示第 i 家电视台,策略性集合 $S_i = \{1,2,\cdots,m\}$, $j \in S_i$ 表示电视台 i 选择第 j 部电视节目播放。局中人 $i(=1,2,\cdots,n)$ 的支付函数为:

$$u_i(s_i, s_{-i}) = \frac{\rho n_k}{j}, s_i = k \qquad (6\text{-}28)$$

且其余电视台还有 $j-1$ 家播放。$i,j = 1,2,\cdots,n; k = 1,2,\cdots,m$。

其次对于 $i \in N$,有 $u_i(1, s_{-i}) = \frac{\rho n_1}{j}, s_i = 1$ 且 s_{-i} 中有 $j-1$ 个 1。$u_i(s_i, s_{-i}) \leqslant \rho n_2, s_i \neq 1$。根据 $n_1 > nn_2$ 可知 $u_i(1, s_{-i}) > u_i(s_i, s_{-i}) \forall i$ 当 $s_i \neq 1$ 时都成立。所以 $s_i = 1$ 是电视台 i 的严格占优策略,其中 $i \in N$。所以 $(1,1,\cdots,1)$ 是 n 家电视台同时播放电视节目 1 的唯一纳什均衡。因此该模型解释了 n 家电视台热播同一部电视节目的实际情况。注意该结论是建立在 $n_1 > n_2 > \cdots > n_m$ 且 $n_1 > nn_2$ 的假设基础上的,如果 $n_1 > nn_2$ 的假设不成立,纳什均衡不一定存在,计算方法要考虑不同电视节目的观众数量的分段区间。

6.3 电视节目组合定价

6.3.1 有线电视与广播的差别以及本地垄断效应

有线电视与广播主要存在着如下差异:首先有线服务是被出售给消费者的,而广播是通过电波传送给拥有合适的接收设备如收音机、电视机等的消费者的。由于广播公司难以从听众和观众手中收取费用,因此他们只能通过广告来赚取收入[①]。一般来说,从广告中获取的收入与广播台受到的欢迎程度即接收率成正比,它是在一定时期内收听该节目的消费者的数量。需要指出的是,有线电视台也会通过广告来赚取收入,因此,有线电视供应商可以有两种收入来源:广告费和观众所支付的费用。最后,大多数国家都有由公共开支和听众捐赠来维持其运营的公共电视台。在20世纪80年代早期,有线电视变得非常流行。与电视台通过电波播出节目、从广告和公共支出中获得利润不同,有线电视经营商直接依赖于为订户传送数套电视台所征收的费用[②]。

管制者给有线电视经营商颁布执照的指导原则是布线需要昂贵的投资,因此有线电视经营商被视作自然垄断。在20世纪80年代末90年代初,管制者为有线电视经营商颁发许可,结果使得该产业成为由预先设定的地理区域内拥有独占地位的经营者组成的集团。有线电视的本地独占对其消费者特别有害。由于有线电视经营商自己拥有电缆,因此,他们不仅仅控制一个频道的价格而是控制大多数频道的价格,这就使得本地的独占有线经营商出售各种频道套餐以赚取更多的消费者剩余,这些剩余比一个独占商只经营一个频道获得的剩余要多[③]。

---

① 黄升民,周艳,马丽婕:《广电媒介产业经营新论》,复旦大学出版社,2005年。
② 董建丽:《对有线电视发展的几点认识》,《广播与电视技术》,2006年第4期。
③ 王磊:《有线电视网络生存与发展的思考》,《广播电视信息》,2008年第2期。

6.3.2 三个频道的销售组合定价

一家独占的有线电视经营商通过传送三个频道 HRBTV，BTV 以及 SDTV 向三类消费者提供服务。表 6-8 列出了每个频道对每个消费者来讲所具有的价值（最大支付意愿）。假定没有生产成本。

表 6-8　3 个频道对消费者的价值

消费者	HRBTV	BTV	SDTV
1	5	1	2
2	5	1	5
3	1	5	2

根据表 6-8，可以计算下面三种情形下的利润：

（1）假定独占厂商必须出售每一个频道，计算利润最大化价格；（2）假定独占厂商捆绑销售三个频道，试计算利润最大化价格；（3）假定独占厂商能以任何自己想要的方式出售三个频道，那么，哪一种捆绑组合能使其利润最大化。

计算过程如下：

① 对于独占厂商必须出售每一个频道的情况，则意味着每一个频道都单独定价，此时，对于频道 HRBTV 有以下五种情况：

$$P_{HRBTV}=1, \pi_{HRBTV}=1 \times 3=3 \tag{6-29}$$

$$P_{HRBTV}=2, \pi_{HRBTV}=2 \times 2=4 \tag{6-30}$$

$$P_{HRBTV}=3, \pi_{HRBTV}=2 \times 3=6 \tag{6-31}$$

$$P_{HRBTV}=4, \pi_{HRBTV}=2 \times 4=8 \tag{6-32}$$

$$P_{HRBTV}=5, \pi_{HRBTV}=2 \times 5=10 \tag{6-33}$$

由上很容易得出，对于频道 HRBTV，定价为 5，此时厂商获得的利润最大，为 10。

对于频道 BTV 和频道 SDTV，可以用相同的办法来判断，结论是：对于频道 BTV，定价为 5，此时利润最大，为 5；对于频道

SDTV,定价为 2,此时利润最大,为 6。

综上所述,利润最大化价格为:

$$P_{HRBTV} = 5, P_{BTV} = 5, P_{SDTV} = 2 \tag{6-34}$$

最大化利润为:

$$\pi = 10 + 5 + 6 = 21 \tag{6-35}$$

② 对于独占厂商捆绑销售三个频道,也就是在一个篮子中销售全部频道,这样,当所有的频道被当作一个整体来出售时,有以下四种情况(HBS 代表 HRBTV,BTV 和 STV 组合成一个整体):

$$P_{HBS} = 8, \pi_{HBS} = 8 \times 3 = 24 \tag{6-36}$$

$$P_{HBS} = 9, \pi_{HBS} = 9 \times 1 = 9 \tag{6-37}$$

$$P_{HBS} = 10, \pi_{HBS} = 10 \times 1 = 10 \tag{6-38}$$

$$P_{HBS} = 11, \pi_{HBS} = 11 \times 1 = 11 \tag{6-39}$$

由上可以得出,对于捆绑销售 3 个频道,定价为 8,此时利润最大为 24。

所以,独占厂商捆绑销售 3 个频道时,利润最大化价格为:$P_{HBS} = 8$,此时最大化利润为:$\pi_{HBS} = 8 \times 3 = 24$。

此时,打包出售的频道可以使得独占厂商的利润超过常规非打包出售时的独占厂商的利润。这个结果解释了有线电视产业的独占厂商所获得的垄断力比传统研究的独占力量要大。

③ 对于独占厂商能以任何自己想要的方式出售三个频道,有四个组合,分别为[HRBTV,BTV]和[SDTV]组合,[HRBTV,SDTV]和[BTV]组合,[BTV,SDTV]和[HRBTV]组合,以及[HRBTV,BTV,SDTV]组合。

先分析[HRBTV,BTV]和[SDTV]组合。对于[HRBTV,BTV],很容易得出定价 $P_{HB} = 5$ 时,利润最大(HB 代表 HRBTV,BTV 组合成一个整体)。

$$\pi_{HB} = 6 \times 3 = 18 \tag{6-40}$$

对于[SDTV],很容易得出定价 $P_S=2$ 时,利润最大。

$$\pi_S = 2 \times 3 = 6 \qquad (6\text{-}41)$$

所以对于[HRBTV,BTV]和[SDTV]组合,利润最大化价格为 $P_{HB}=5$,$P_S=2$,此时最大化利润为 $\pi=18+6=24$。

对于其余三个组合,可以用相同的方法计算,结果为:

对于[HRBTV,SDTV]和[BTV]组合,利润最大化价格为 $P_{HS}=7$,$P_B=5$,此时最大化利润为 $\pi=14+5=19$。

对于[BTV,SDTV]和[HRBTV]组合,利润最大化价格为 $P_{BS}=6$,$P_H=5$,此时最大化利润为 $\pi=12+10=22$。

对于[HRBTV,BTV,SDTV]组合,利润最大化价格为 $P_{HBS}=8$,最大化利润为 $\pi_{HBS}=8 \times 3=24$。

综上所述,[HRBTV,SDTV]和[BTV]组合与[HRBTV,BTV,SDTV]组合的最大化利润是相同的,所以这两种捆绑组合都满足条件。可见混合捆绑的利润绝对不会比前两种情况的利润低。混合捆绑在该产业中较常见,许多经营商在他们的频道篮子之外提供给私人电影频道的。

6.4 有线电视和因特网的数字融合定价

1996 年美国电信法案允许有线电视公司提供因特网服务(如视频和音频通信),此举为整个信息和娱乐传媒业带来了一场深刻的变化。这种政策改变的最主要结果就是有线电视公司可以或明或暗地将某种信息服务与其他服务捆绑起来进行销售。捆绑销售是一种市场营销战略,是指一家厂商或服务供应商在销售某项服务的同时,要求购买者购买一些其他相关服务。但是政府担心"捆绑"可能导致:① 主导性厂商主导地位的加强;② "杠杆作用",是指在某一市场上行使独占权会在另一个市场上获得优势或降低其竞争,从而造成厂商推迟采用新的技术。

本节通过构造一个模型来检验不同信息服务的捆绑销售是

否会导致某一个供应商（有线电视服务商）主导地位的上升，或是否可能存在一个厂商被另一个向消费者捆绑销售服务的厂商排挤在外的极端情形。假设市场上存在两家有线电视供应商（分别用 A，B 表示）和一家因特网服务供应商（用 C 表示）。假定消费者愿意购买由一单位有线电视服务和一单位因特网服务构成的一揽子服务，为了简化说明，假定两种服务（有线电视和因特网）的生产是无成本的。

再假设存在两类消费者，一类是有 η 个定位于有线电视公司 A 的，另一类是有 η 个定位于有线电视公司 B 的。用 β_A 表示 A 类消费者总效用参数，用 β_B 表示 B 类消费者总效用参数，用 δ_A 表示 A 类消费者的转移成本，用 δ_B 表示 B 类消费者的转移成本，$\beta_B < \beta_A$ 且 $\beta_A < \beta_B + \delta_B$，$2\beta_B - 2\delta_B < \beta_A < 2\beta_B$。那么，每类消费者对有线电视和因特网服务的偏好可以用下式表示：

$$U_A = \begin{cases} \beta_A - p_A - p_C & \text{购买 A 和 C} \\ \beta_A - \delta_A - p_B - p_C & \text{购买 B 和 C} \\ 0 & \text{其他} \end{cases} \quad (6\text{-}42)$$

$$U_B = \begin{cases} \beta_B - \delta_B - p_A - p_C & \text{购买 A 和 C} \\ \beta_B - p_B - p_C & \text{购买 B 和 C} \\ 0 & \text{其他} \end{cases} \quad (6\text{-}43)$$

该效用函数的特点是即使有线电视服务的相对价格有所变化，一些消费者也不会随意更换公司。这种行为的产生有两种原因：首先，消费者可能对某一有线电视公司形成了忠信度；其次，由于这个有线电视公司提供的打包服务比较适合特定消费者的特定偏好。效用函数(6-42)及(6-43)中隐含的第二个假设是有线电视和因特网服务是完全互补的。对于这个假设有两个解释：第一，如果能证实当有线电视和互联网服务在消费者看来为互补性商品时都不可能出现一家有线电视公司被排斥在外的情况，那么，当所有消费者把这些服务看做是独立的时候，该结果成立的可能性就更大;第二,数字融合确实改变了这些服务的特征,因此,将来这两种服务很可能被视作互补性商品。

【假设 6-4】

A 类的消费者的基本效用比较高,即 $\beta_B < \beta_A$,且假设 $\beta_A < \beta_B + \delta_B$, $2\beta_B - 2\delta_B < \beta_A < 2\beta_B$。

本节将分析三种管制框架:

(1) 放松管制之前:有线电视公司 A 和 B 只能提供有线电视服务,公司 C 只可以提供因特网服务。

(2) 部分放松管制:有线电视公司 A 可以提供因特网服务。这里,我们检验排挤是否是可能的、有利可图的。

(3) 完全放松管制:所有有线电视公司都可以提供因特网服务。

6.4.1　放松管制之前的定价

假设两家有线电视公司 A 和 B 以及因特网供应商 C 分别隶属于不同的所有者,并假设管制当局把每个公司的经营范围限定在一种服务类型上,也即这种管制框架规定有线电视公司不能提供因特网服务,因特网供应商也不能销售有线电视服务。然后寻找价格的纳什均衡。但是这里的均衡不只有一种对应的高因特网服务价格和低有线电视服务价格均衡或低因特网服务价格和高有线电视服务价格均衡。因此:

【命题 6-7】

当整个产业被三个独立的厂商分割时,

① 下面的价格构成了一个纳什—伯特兰德均衡: $p_A = \beta_A$, $p_B = \beta_B$ 和 $p_C = 0$。在此均衡中,有线电视服务供应商 A 出售一单位服务给定位于 A 的消费者;供应商 B 出售一单位服务给定位于 B 的消费者;因特网服务供应商 C 出售两单位服务(每类消费者一单位)。公司的利润水平为 $\pi_A = \eta\beta_A$, $\pi_B = \eta\beta_B$ 和 $\pi_C = 0$。

② 上述的均衡不是唯一的。

证明：① 固定 $p_B = \beta_B$，$p_C = 0$，式(6-42)、式(6-43)转化为式(6-44)、式(6-45)：

$$U_A = \begin{cases} \beta_A - p_A - 0 = \beta_A - p_A & \text{购买 A 和 C} \\ \beta_A - \delta_A - \beta_B < 0 & \text{购买 B 和 C} \\ 0 & \text{其他} \end{cases} \quad (6\text{-}44)$$

$$U_B = \begin{cases} \beta_B - \delta_B - p_A & \text{购买 A 和 C} \\ \beta_B - \beta_B = 0 & \text{购买 B 和 C} \\ 0 & \text{其他} \end{cases} \quad (6\text{-}45)$$

当 $p_A = \beta_A$ 时，式(6-44)、式(6-45)转化为：

$$U_A = \begin{cases} 0 & \text{购买 A 和 C} \\ < 0 & \text{购买 B 和 C} \\ 0 & \text{其他} \end{cases} \quad (6\text{-}46)$$

$$U_B = \begin{cases} \beta_B - \delta_B - \beta_A < 0 & \text{购买 A 和 C} \\ 0 & \text{购买 B 和 C} \\ 0 & \text{其他} \end{cases} \quad (6\text{-}47)$$

也就是说，定位于 A 公司的消费者仍然会定位于 A 公司，定位于 B 公司的消费者仍然会定位于 B 公司，所以，A 公司的消费者数量仍为 η，B 公司的消费者数量仍为 η，由此可得 A 公司的利润函数为：

$$\pi_A(p_A, p_B, p_C) = \pi_A(\beta_A, \beta_B, 0) = \eta\beta_A \quad (6\text{-}48)$$

当 $p_A = \beta_A + \varepsilon (\varepsilon < \min(\delta_A, \delta_B))$ 时，式(6-42)、式(6-43)转化为：

$$U_A = \begin{cases} -\varepsilon & \text{购买 A 和 C} \\ < 0 & \text{购买 B 和 C} \\ 0 & \text{其他} \end{cases} \quad (6\text{-}49)$$

$$U_B = \begin{cases} \beta_B - \delta_B - \beta_A - \varepsilon < 0 & \text{购买 A 和 C} \\ 0 & \text{购买 B 和 C} \\ 0 & \text{其他} \end{cases} \quad (6\text{-}50)$$

也就是说,定位于 A 公司的消费者会转向 B 公司,这时 A 公司的消费者数量为 0,所以 A 公司的利润函数为:

$$\pi_A(p_A, p_B, p_C) = \pi_A(\beta_A + \varepsilon, \beta_B, 0) = 0 \qquad (6-51)$$

同理可得,当 $p_A = \beta_A - \varepsilon [\varepsilon < \min(\delta_A, \delta_B)]$ 时,A 公司的利润函数为:

$$\pi_A(p_A, p_B, p_C) = \pi_A(\beta_A - \varepsilon, \beta_B, 0) = \eta(\beta_A - \varepsilon) \qquad (6-52)$$

比较式(6-48)、式(6-51)和式(6-52),可以得到:A 公司会选择 $p_A = \beta_A$。

同理可得 $p_B = \beta_B$,$p_C = 0$。

所以,价格 $p_A = \beta_A$,$p_A = \beta_B$ 和 $p_C = 0$ 构成一个纳什—伯特兰德均衡。

② 可以证明价格$(p_A, p_B, p_C) = (0, 0, \beta_B)$是一个纳什—伯特兰德均衡。具体证明过程与①相同,最后的结果是:$(p_A, p_B, p_C) = (0, 0, \beta)$是一个纳什—伯特兰德均衡。

所以,价格 $p_A = \beta_A$,$p_A = \beta_B$ 和 $p_C = 0$ 不是唯一的一个纳什—伯特兰德均衡。

命题 6-7 表明,可能存在两种类型的价格结构:一种是高有线电视服务价格和低因特网服务价格,另一种为低有线电视服务价格和高因特网服务价格。为了确定哪种均衡更有可能出现,需要确定哪种服务最先存在。因为,如果有线电视服务的存在先于因特网服务,那么,大多数剩余很有可能会被有线电视服务供应商获得。在这种情况下,命题中列出的均衡价格更有可能出现。

6.4.2 部分放松管制的定价

允许有线电视公司提供其他服务的一个最常见结果,就是它会通过收购或合并那些提供互补性服务的公司而将其他竞争性公司排挤在外。现在分析有线电视公司 A 通过吸收合并(或兼并)因特网供应商 C 来捆绑销售 A 和 C 的打包产品而将有线电视公司 B 赶出市场的可能性。假设新合并成立的公司用 AC 表

示,它以价格 P_{AC} 来提供包含有线电视服务 A 和因特网服务 C 的捆绑服务。现在给出主要命题:

【命题 6-8】

坏消息:通过将捆绑服务的价格设定为 $P_{AC} = \beta_A$,出售捆绑服务 AC 的公司将有线电视公司 B 驱逐出市场。因此,捆绑能充当排挤竞争对手的手段。在这种情况下,定位于 B 的消费者不能接受服务,因此兼并是社会无效的。

好消息:排挤对捆绑销售公司来说是不利的。合并公司 AC 在参与排挤厂商 B 时,其利润将比合并之前的 A,C 两个厂商的利润之和要小。

证明:由于有线电视公司 A 通过吸收合并(或兼并)因特网供应商 C 来捆绑销售 A 和 C 的打包产品,所以,消费者要购买因特网服务时,必须购买 A 和 C 的打包产品,则式(6-42)、式(6-43)转化为:

$$U_A = \begin{cases} \beta_A - P_{AC} & \text{购买 A 和 C} \\ \beta_A - P_{B} - P_{AC} & \text{购买 B 以及 A 和 C 的打包产品} \\ 0 & \text{其他} \end{cases} \tag{6-53}$$

$$U_B = \begin{cases} \beta_B - \delta_B - P_{AC} & \text{购买 A 和 C} \\ \beta_B - P_{B} - P_{AC} & \text{购买 B 以及 A 和 C 的打包产品} \\ 0 & \text{其他} \end{cases} \tag{6-54}$$

假设厂商 B 最低的可能价格 $P_B = 0$。当 $P_{AC} = \beta_B$ 时,定位于厂商 B 的消费者可能购买 AC 服务,且以 $P_B = 0$ 购买 B 产品的效用为 $U_B = \beta_B - P_B - p_{AC} = \beta_B - 0 - \beta_B = 0$。因此,有线电视公司 B 将不再提供服务,定位于厂商 B 的消费者无法接受服务,这就证明了"坏消息"。在这种排挤均衡下,$\pi_{AC} = P_{AC} \cdot \eta = \beta_B \eta$。然而,合并之前的 A 和 C 两厂商的利润之和为 $\pi_A + \pi_C = P_A \cdot \eta + P_C \cdot (\eta + \eta) = \eta \beta_A > \pi_{AC} = \eta \beta_B$。

命题 6-8 表明对于排挤公司来说,它为了排挤一家横向竞争公司而进行捆绑的成本太高,因此,即使捆绑能消灭独立的因特网供应商,也不太可能实现。同时,命题 6-8 也表明由于排挤使得一些消费者不能够接受服务,因此排挤的市场行为减少了整个行业的利润。因此,当 B 公司被排挤以后,整个行业的服务对象减少了,从而所获得的利润也下降了。需要注意的是,事实上由于该模型作了一个极端的假设,即有线电视和因特网服务是完全互补的,因此"坏消息"并不太坏。当两种服务不是互补的时候,命题 6-8 中的坏消息并不会成立。因此,命题 6-8 的这一部分给出了一种最不可能的极端情况。

6.4.3 完全放松管制的定价

现在假设电信业已经达到放松管制的最大化水平,这意味着所有的有线电视公司都可以将有线电视服务和因特网服务捆绑销售。此时,独立的因特网服务供应商将被赶出市场,并有如下命题:

【命题 6-9】

① 唯一的均衡价格为 $P_{AC} = \beta_A$, $P_{BC} = \beta_B$ 。

② 有线电视公司的排挤不可能出现。

证明:① 式(6-42)、式(6-43)式转化为:

$$U_A = \begin{cases} \beta_A - P_{AC} & \text{购买 A 和 C} \\ \beta_A - \delta_A - P_{BC} & \text{购买 B 和 C} \\ 0 & \text{其他} \end{cases} \quad (6-55)$$

$$U_B = \begin{cases} \beta_B - \delta_B - P_{AC} & \text{购买 A 和 C} \\ \beta_B - P_{BC} & \text{购买 B 和 C} \\ 0 & \text{其他} \end{cases} \quad (6-56)$$

证明 $P_{AC} = \beta_A$, $P_{BC} = \beta_B$ 是均衡价格的方法与 6.4.1 中放松管制之前①的证明类似。

接下来证明 $P_{AC} = \beta_A$, $P_{BC} = \beta_B$ 是唯一的均衡价格。固定 $P_{BC} = \beta_B$,如果厂商 A 试图相对于厂商 B 降价,效用函数(6-56)意味着其

定价 P'_{AC} 必须满足 $\beta_B - \delta_B - P'_{AC} > \beta_B - P_{BC}$，这样定位于厂商 B 的消费者才可能去买厂商 A 的产品。因此，$P'_{AC} < \beta_B - \delta_B - \beta_B + P_{BC} = \beta_B - \delta_B$，根据假设 5-4，可以获得：$\pi_{AC} \approx P_{AC} \cdot (\eta + \eta) = 2(\beta_B - \delta_B)\eta < \beta_A \eta = \pi_{AC}$，因此降价对厂商 A 是无利可图的。

同理可得：降价对厂商 B 也是无利可图的。因此，$P_{AC} = \beta_A$，$P_{BC} = \beta_B$ 是唯一的均衡价格。

对于命题 6-9 中的②，因为均衡时厂商 A 和厂商 B 的价格都是满足不同消费者的需要，所以也就不存在排挤现象，也就是说，有线电视公司的排挤不可能出现。

本节的结论说明，如果有线电视公司能提供有线电视和因特网服务，那么：① 将不会存在排挤，② 将不会存在瓶颈。因此，为了确保排挤不会发生，管制者应当允许所有的服务供应商出售各种电信、因特网服务。

本章针对有线电视的特点，首先分析了电视节目制作和电视台在信息对称和信息不对称条件下的最优合约的设计；其次从有线电视的节目时间竞争和节目类型竞争这两个不同的角度进行分析，以博弈论的分析方法作为基本分析工具，通过构造社会福利函数来判断两种不同情况的最优模型，从而得到以下结论：在消费者理想的收视时间均匀分布的情况下，两家电视台在同一时间内播放的纳什均衡总是存在的，而三家电视台在同一时间内播出的纳什均衡不存在；然后，在分析了有线电视的本地垄断效应的基础上，指出有线电视的本地独占对其消费者是不利的，从而得出结论：没有必要让有线电视经营商在本地实施独占经营，可以通过接入定价的方式来避免重复布线；最后，通过对有线电视与因特网捆绑销售的讨论，得出结论：如果一切有线电视公司都被允许通过相同的光缆提供一切数字服务，那么，市场中将不会存在排挤，也不会存在瓶颈。

7 航空运输业的定价研究

　　一般而言,运输业尤其是航空业会呈现出不同的网络类型,其特征体现为生产者生产技术上的网络经济性。这些生产网络是由大量的线路以及可替代线路构成的,它们可以把乘客从始发城市运送到目的地城市,而所有这些航线组成了航空运输中的航线网络结构。航空公司选择何种网络结构对公司的长远发展有着至关重要的影响,布局合理的航线网络是航空公司进行航班安排的基础,同时也是提高航空公司竞争力的主要手段。

　　本章节通过全连通(Fully-connected/FC)航线网和枢纽航线网络(也称为中枢辐射,Hub-and-spoke/HS)的成本模型和在独家垄断下航空公司的两种航线网络的利润情况以及在进入遏制、接纳下的网络结构分析,另外对代码共享与否的防降价均衡票价和利润展开分析。

7.1　航空运输业概述

7.1.1　航空运输业的基本经济属性

　　民航运输业的基本经济属性可以分为规模经济效应、范围经济效应和网络经济效应,其中网络经济效应居于基础地位,影响和制约着规模经济、范围经济[①]。

　　(1) 规模经济效应(Economies of Scale)

　　当一航空公司执行两城市间的航班任务时,若每个航班都可

---

　　① 赵凤彩:《航线网络经济性的探讨》,《中国民航学院学报》,2002 年第 2 期。

达到合理的载运率,那么在一定时间内,随着往返飞行的次数增多,该公司的单位固定成本将逐渐减少,平均成本曲线向下倾斜,这种情况被称作规模经济。随着飞机数量的增加,因零配件的库存增加及维修、飞机调配更加合理等原因,每架飞机的平均利用率会显著提高,可以使通航城市和航班数量以更快的速度增加,产生"乘数效应",使运输量相应增加。随着企业规模的扩大,拥有飞机数及开辟航线、航班的增多,在密度经济作用下,公司的单位生产成本会不断下降,这样进行大规模生产经营就具有成本上的优势。这种随航班量的增长而使平均成本曲线下降的情形就是规模经济效应。

(2)范围经济效应(Economies of Scope)

如果将不同航线上的运输服务看作不同的产品,那么当一个企业在多个航线上提供运输服务时,就会表现出明显的范围经济效应,即随着航线数量的增加,每一条航线上的平均运输量会相应增加,并使总运输量以递增的速度增长,这时由于飞机利用率的提高以及使用更大机型等,将使航空公司的单位运输成本下降。当由一家企业经营所有航线比多家企业分割市场经营的总成本更小时,该公司的独家垄断经营就是有效率的。同理,某一中心城市与其他多个区域性市场中心城市的联系也存在明显的范围经济性。

(3)网络经济效应(Economies of Network)

在一定的市场范围内或者在多个区域性市场之间,随着通航城市的增加,航空运输将呈现网络结构。由于在这一网络中的任意两点之间都可以建立联系,所以网络结构可以提高航空运输的便捷性,促进市场容量以较快的速度增长,从而使整个产业的总成本得到节约,这就是网络经济效应或网络经济性。这个特点在疆域广大的国内或国际航空市场上体现得十分明显。假设 N 个城市各有一航空公司,任一公司在某一城市与其他城市之间每天只有一个往返航班飞行,每个航班运输量为一单位。当城市数为

N 时,总运输量 $Q=N(N-1)$ 单位;每增加一个轴心城市,总运输量将比原来增加 $2(N-1)$ 单位,如图 7-1 所示,其中 A,B,C,D,E,F 为城市。

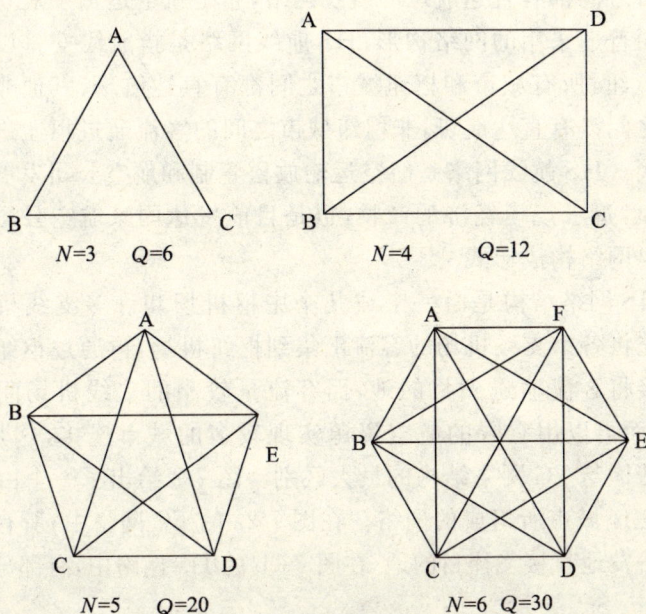

$N=3$　$Q=6$	$N=4$　$Q=12$
$N=5$　$Q=20$	$N=6$　$Q=30$

图 7-1　网络效应示意图

在现实经济生活中,一个轴心城市不可能与所有的轴心城市都有紧密的经济联系,因此在航空运输市场特别是在国际航空运输市场上,一个航空公司或某一航空枢纽(轴心)不可能与所有的轴心城市建立直接的运输联系。但是由于航空运输的网络经济效应,通过中转运输可以使某一轴心与其他所有的轴心城市建立间接联系,并且在密度经济的作用下,这种中转运输也可能十分便利。

7.1.2　航空公司航线的两种网络结构成本模型

随着世界航空运输业的发展,航线结构也经历了从点对点到中枢辐射航线网络的发展历程。每一种结构都与特定的市场规模相联系。点到点的航线网络也称为全连通航线网络,枢纽航线网络也称为中枢辐射(HS)航线网络。FC航线网络是指任意两个城市之间都有直达航班的航线网络,它是航空运输发展初期航空公司普遍采用的网络构形;HS航线网络是指航线安排以某城市为枢纽,所有城市和枢纽城市之间都有直达航班,其他非枢纽城市之间没有直达航班,非枢纽城市之间的客流通过枢纽进行中转衔接。HS航线网络是航空运输放松管制和航空公司发展到一定规模,追求规模经济的产物,也是目前发达国家航空公司采用的主要网络构成形式[①]。

HS网络结构是由一个或几个中枢机场和许多支线机场组成。先将各个支线机场的客流汇集到枢纽机场,再通过枢纽间中转连接将客流输送到目的地,而客流量较小的支线机场间不通航,因而可以用有限的航空资源实现较多的城市连接,这是HS网络结构与FC网络结构的最大区别。图7-2给出了一个由A,B和C三座城市所组成的网络。在图7-2a的FC网络中,所有乘客都由始发地直接飞往目的地;在图7-2b的HS网络中,有部分乘客

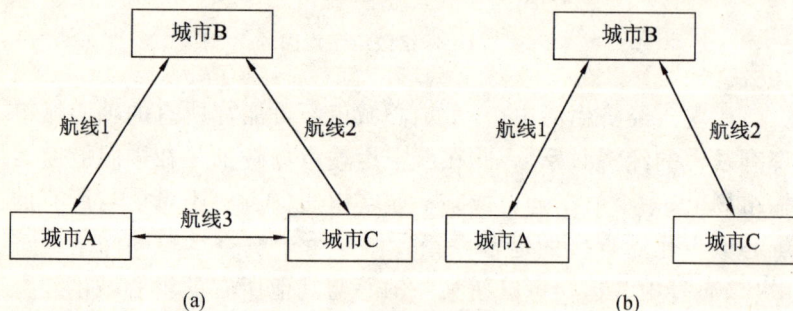

图 7-2 FC 网络和 HS 网络

---

① 柏明国,朱金福:《全连通航线网络和枢纽航线网络的比较研究》,《系统工程理论与实践》,2006 年第 9 期。

客要从城市 B 转机。

当两个机场均距离较近并有一定客货源保证的前提下，FC 航空网络模式占优势，实现了城市间的直接通航，容易安排航班，没有高峰期的运营压力。但该模式只考虑两个城市间运量，而不考虑或无法顾及航线间的衔接问题，尚未从网络层次上配置航线资源，只是简单的运送系统，客座率较低，难以形成网络规模经济，造成资源浪费。同时分流了枢纽机场的客源，降低了枢纽机场的客座率，形成竞争。这种模式的形成主要受航空器的飞行速度、高度、载重及国家管制等因素影响，目前我国和多数发展中国家主要采用这种航空网络。HS 航空网络通过轴心城市联结支线机场和枢纽机场，在干支线间形成严密的航班时刻衔接计划，以提高航空网络的覆盖能力和通达性，刺激并集散干支线的客货流，提高航班频率，从而降低运输成本或提高运输效率。这种网络的最初目的是通过建立轴心来提高产品的定期性品质，包括正点、适时的时刻、较高的航班频率和舒适的机型四个方面。这是航空运输放松管制和航空公司追求网络规模经济及机场追求规模经济的产物，也是目前发达国家采用的主要航空运营网络之一。

尽管 HS 航线网络能够将来自不同市场的旅客聚集在同一个航班上，使得用单位成本较低的大飞机变得更经济，同时提高了飞机的客座利用率，但对航空公司来讲，HS 航线结构也有其不利的方面：一是航线距离增加，二是由于旅客转机，增加了旅客过港费。

考虑一种如图 7-2 所示的单程旅游方式，有 η_1 个乘客希望从城市 A 到城市 B，η_2 个乘客希望从城市 B 到城市 C，η_3 个乘客希望从城市 A 到城市 C。将航线的总成本表示为每条线路运送的乘客数量的函数，用 $TC(\eta_1, \eta_2, \eta_3)$ 来表示。

根据航空业的特点，可以假设 $TC = \phi + \eta^2$，TC 为总成本函数，每条航线的成本主要有两部分组成:一是固定成本 ϕ,用来租用本地机场的登机口和出口、雇用本地员工以及着陆费用;二是变动成本,由于航空运输量的限制,变动成本随乘客量的上升而平方增加。从图 7-2 中可看出,FC 网络下运营总成本为 $TC_{FC}=3\phi+\eta_1^2+\eta_2^2+\eta_3^2$,而在 HS 网络下 $TC_{HS}=2\phi+(\eta_1+\eta_3)^2+(\eta_2+\eta_3)^2$。假定每条航线上旅客的数量相同 $\eta_1=\eta_2=\eta_3=\eta$,则有:

$$TC_{HS}<TC_{FC}, \qquad 当且仅当\ \phi>5\eta^2$$

也就是说,如果相对于每条航线上乘客的数量来说,运营一条航线(航线 3)的固定成本比较高,那么 HS 网络就成了一种成本节约型网络。如果运营一条线路的成本较小(ϕ 较小),那么,FC 网络成为成本节约型运营网络。因此,如果航线的固定成本比较高,应该优先考虑 HS 网络,反之则可以考虑 FC 网络。其实,当 FC 网络中的航线 3 不开通时,FC 网络就演变成为 HS 网络。

7.2 航空运输业的发展与政府管制改革

7.2.1 自然垄断性与政府管制的方式

民航业属于传统自然垄断性行业,由于关系到国民生计和国家安全,其发展也必然受到不同程度的政府规制。从世界范围来看,政府对自然垄断性行业的规制主要有两种:一是对行业进入的进入规制;二是对行业产品的价格规制。

对民航业自然垄断性的认识主要有:第一,民航业投资额巨大,进入和退出的成本很高。如果不对进入进行必要的限制,将可能造成社会资源的巨大浪费和损失。同时,在民航业发展初期,受自然或技术条件限制,机场数量及航线资源有限,制约了市场容量的扩大,加剧了产业的自然垄断性质。第二,企业在规模经济、范围经济、网络经济的作用下,进行大规模运输生产具有明显的成本优势和市场优势。随着规模的扩大,企业的成本函数呈现出"弱增性"特点。对民航运输业自然垄断性的认识,导致了政府对该产业的严格管制,除进入管制、价格管制和所有权管制之外,还有资源利用管制、投资管制、航线准入管制、普遍性服务管制等多种形式。

(1)资源利用管制。即确定航空资源(如航线、航班及飞行高度层等)的分配与使用原则,以保证航空运输的安全经营并使资源得到合理配置。

(2)投资管制。即制定投资原则,在确保按政府要求最大限度地吸引各方投资的同时,对投资行为的某些方面进行限制。

(3)航线准入管制。即对不同的航空运输企业划定经营区域,无特别理由不得进入其他区域性市场的航线;或者对一地区支线机场与另一地区支线机场之间通航的限制等。

(4)技术标准管制。即通过对航空运输企业制订服务水平、技术标准等,从而实现管制目的。它包括的内容丰富繁杂,如特大航空枢纽对抵达飞机座位数的限制、飞机噪声限制等。

(5)普遍性服务管制。即要求航空运输企业为那些容量小、盈利低甚至没有盈利的偏远地区、支线机场提供服务,以确保这些地区的公众能享受"交通便利"。

7.2.2 民航业的竞争性特点与放松管制的实践

1978年开始实施的美国《放松管制法》,实际上是对航空公司的经营实行了放任主义,其特点是在航空公司设立、航线准入和价格制定这三个主要方面同时实行了放松管制。主要措施包括:放松对进入的管制,不再对航空公司数量进行限制;放松对价格的管制,进行价格上限管理;实行航空资源的市场化配置,对航线经营权进行拍卖,航班安排也实行不同时段的差别价格等;放松对企业之间兼并重组的限制。放松所有权限制,大部分国家出现了国有投资逐渐退出的趋势。对普遍性服务的保障也基本依靠经济杠杆予以调节,如对经营欠发达地区支线运输的航空公司给予一定的补贴等。

放松管制政策的实施,对航空公司产生了深远的、不可逆转的影响,使航空公司生存和竞争的政策环境发生了重大变化,推动了航空运输服务和管理的不断创新,迫使航空公司采取新的竞争战略,调整各自的航线结构(如中枢辐射式航线结构逐渐取代了全连通航线结构),积极进行管理创新(如计算机收益管理系统的开发应用),降低运营成本(如优化机队结构、降低人工成本),加强市场拓展(如常客奖励计划),建立航空联盟(如代码共享计划),提高服务水平(改善头等舱和公务舱服务)等,以适应新的生存环境。

政府放松对民航业的管制,取得了积极的效果,表现在以下几方面:第一,价格普遍下降。由于引入竞争,使原垄断企业的特权逐渐丧失,这迫使它们不断加强管理,降低成本,因而导致航空运价的下降,使消费者的福利水平得到普遍提高。第二,产业快速发展。通过降低价格和改进服务使需求有了较快增长,企业的产品供给量亦相应增加。需求和供给两个方面的共同作用促进了产业的快速发展。第三,效率得到提高。放松管制使企业失去了某种保护,竞争压力增大。同时由于激励性管制的实施,促进了企业内部效率和整体素质的提高。第四,服务得到改善。在价格降低的同时,各航空公司为占领更多的市场份额,不断改进服务质量。新的服务项目也不断出现,使旅客和货主能够选择更多的服务品种。第五,寻租活动减少。放松管制使政府手中掌握的经济资源减少,有效地杜绝了在管制条件下可能存在的寻租活动。第六,优化了市场结构。放松管制使新的企业进入比较容易,在竞争作用下,产业内市场结构逐渐得到优化。

总之,放松对民航业的管制进一步促进了产业的竞争,使政府、产业、企业与消费者各自的福利水平都得到提高,推进了产业结构的优化,提高了产业的整体效率,扩大了产业的整体规模,大大提高了航空运输业的服务质量。由于民航运输服务价格有所下降,也促进了相关产业特别是旅游业的成长和发展。

7.3 独家垄断下航空公司的定价

分析这样一种经济情况,存在如图 7-2 所描述的用 $i(i=1,$
2,3)表示的三条路线。航空公司可以将乘客直接从始发城市运送
到目的地城市,也可以通过第三个城市即枢纽港(图 7-2 中的城市
B)将其间接地运送到达。在这里只分析单程旅行方式,乘客只希
望从 A 到 B、从 A 到 C 或从 B 到 C 旅行而不考虑返程情况。

【假设 7-1】

① 假定在每一条线路 i 上$(i=1,2,3)$,共有两种类型的乘
客,他们因对时间价值的重视不同而被区分开来。第一种类型共
有 η^H 位顾客,他们具有较高的时间价值,假定他们不是直飞而是
通过枢纽城市间接地从出发地到目的地,那么他们将会有效用损
失 δ_i。另一类也有 η^L 位顾客,他们的时间价值极低,直飞或间接
地飞往目的地对他们来说没有任何区别。用 p_i 表示线路 i 的飞
机票价,则走不同路线的乘客其效用用公式表示为:

$$U_i^H = \begin{cases} \beta_i^H - p_i & \text{目的地} \\ \beta_i^H - \delta_i - p_i & \text{通过枢纽港转机} \\ 0 & \text{不飞行} \end{cases}$$

和 $\qquad\qquad\qquad\qquad\qquad\qquad\qquad\qquad\qquad$ (7-1)

$$U_i^L = \begin{cases} \beta_i^L - p_i & \text{直飞目的地} \\ 0 & \text{不飞行} \end{cases}$$

β_i^H,β_i^L 分别表示线路 i 上高类型、低类型乘客接受从始发地
被运送到目的地这项服务所获得的基本价值,β_i^H 和 β_i^L 均大于 0。

② 用 μ 表示航空公司在任意线路上的飞行成本,且这种成
本是每个航班的运输成本而不是每个乘客的机票费,因此这里指
的是飞机移动成本。

用 π_i 表示每条线路 i 的利润 $(i=1,2,3)$。用 π 表示独占运营商经营整个航空网络所获得的利润,也即 $\pi=\pi_1+\pi_2+\pi_3$。

在 FC 航线网络下,独占的航空公司通过将为所有乘客提供服务时的票价定为 $p_i^H=\beta_i^H$,$p_i^L=\beta_i^L$(区分线路 i 上高类型、低类型乘客的方法可以采取提前预订飞机票的天数如至少提前一周的乘客为低类型乘客)而使自己获得最大剩余。由于假定飞机拥有无限能力,每条线路上将只有一个航班。每条线路 i 的利润为 $\pi_i=\eta_i^H\beta_i^H+\eta_i^L\beta_i^L-\mu$。

因此,在 FC 网络下,独占运营商的利润为:

$$\pi^{FC}=\sum_{i=1}^{3}\pi_i=\sum_{i=1}^{3}(\eta_i^H\beta_i^H+\eta_i^L\beta_i^L)-3\mu \qquad (7\text{-}2)$$

在 HS 航线网络下,假设购买从城市 A 到城市 C 的机票的乘客将通过枢纽港城市 B 进行飞行,但是不能在城市 B 上下飞机。因此独占的航空公司通过将为所有乘客提供服务时的票价定为 $p_i^H=\beta_i^H$,$p_i^L=\beta_i^L$ $(i=1,2)$,$p_3^L=\beta_3^L$ 和 $p_3^H=\beta_3^H-\delta_3$(区分线路 i 上高类型、低类型乘客的方法可以采取提前预订飞机票的天数如至少提前一周的乘客为低类型乘客)而使自己获得最大剩余。由于假定飞机拥有无限能力,每条线路上将只有一个航班。在线路 $i(i=1,2)$ 的利润为 $\pi_i=\eta_i^H\beta_i^H+\eta_i^L\beta_i^L-\mu$,在 $i=3$ 的利润为 $\pi_3=\eta_3^H(\beta_3^H-\delta_3)+\eta_3^L\beta_3^L-\mu$。

因此,在 HS 网络下,独占运营商的利润为:

$$\pi^{FC}=\sum_{i=1}^{3}\pi_i=\sum_{i=1}^{3}(\eta_i^H\beta_i^H+\eta_i^L\beta_i^L)+\eta_3^L\beta_3^L-2\mu \qquad (7\text{-}3)$$

比较式(7-2)和式(7-3)的利润水平,可以得出:

$$\pi^{FC}>\pi^{HS},\text{如果}\ \mu<\eta_3^H\beta \qquad (7\text{-}4)$$

因此,根据式(7-4)可以得到命题 7-1。

【命题 7-1】

对于独占垄断的航空公司来说,如果飞机移动成本 μ 极小,那么 FC 网络的运营比 HS 网络的运营更有利可图。

7.4 部分放松管制下航空公司的定价

7.4.1 进入遏制下的定价

本小节分析当允许潜在进入者经营一个市场或一个线路如进入线路 3 时在位航空公司所使用的网络结构战略。

在位航空公司用 I 表示,潜在进入者用 E 来表示。在这种政策体系下,一家新进入航空公司只能允许进入一条航线。假定在 HS 网络下线路 3 上没有直飞服务,这条线路是进入的自然候选路线。假定潜在进入者与在位航空公司有着相同的成本和能力结构,这排除了两家航空公司任何形式的事先不对称。

【假设 7-2】

相对每个航班的运营成本来讲,线路 3 上的高类型乘客量极大,用公式表示为 $\mu < \eta_3^H \beta$。因此在没有进入威胁的情况下,FC 网络比 HS 网络更有利可图。

(1) 在位航空公司使用 FC 网络时的进入遏制

假定在某段时间内,在位航空公司决定完全阻挠新进入者进入,而不管这种行为是有利的还是不利的。首先,假定在位航空公司经营的是 FC 网络。在遏制进入下,在位航空公司使价格降低至单位乘客成本 $p_3^I = \dfrac{\mu}{\eta_3^H}$。显然,进入者若想进入,其定价应为 $P_3^E < \dfrac{\mu}{\eta_3^H}$,它获得的利润 $\pi^E = \eta_3^H p_3^E - \mu < 0$,从而进入者得以被遏制。由于在线路 1 和 2 上不存在进入威胁,在位航空公司可以收取独占性飞机票价,$p_i^H = \beta_i^H, p_i^L = \beta_i^L (i=1,2)$。因此,如果使用的是 FC 网络,在阻挠进入的情况下,在位航空公司的利润水平为:

$$\pi^{FC} = \sum_{i=1}^{3} \pi_i = \sum_{i=1}^{2} (\eta_i^H \beta_i^H + \eta_i^L \beta_i^L) - 2\mu \qquad (7-5)$$

（2）在位航空公司使用 HS 网络时的进入遏制

现在假定在位航空公司运营 HS 网络。为了阻挠线路 3 的进入，它必须将价格定为 $p_3 = \dfrac{\mu}{\eta_3^H} - \delta$，而新进入者可以使其机票价格最低降至 $p_3^E = \dfrac{\mu}{\eta_3^H}$。因此，在位航空公司利润为：

$$\pi^{HS} = \sum_{i=1}^{3} \pi_i = \sum_{i=1}^{2} (\eta_i^H \beta_i^H + \eta_i^L \beta_i^L) + \eta_3^H \left(\frac{\mu}{\eta_3^H} - \delta \right) - 2\mu$$

$$= \sum_{i=1}^{2} (\eta_i^H \beta_i^H + \eta_i^L \beta_i^L) - \mu - \eta_3^H \delta \tag{7-6}$$

比较式（7-5）和式（7-6），可以得出在假设 6-2 下，通过 FC 网络进行遏制比通过 HS 网络更有利。

7.4.2 进入接纳下的定价

在任何进入者被接纳的情况下，进入者必须获得严格正利润。因此，当在位公司运营的是 FC 网络时，进入接纳均衡是不存在的。因为在 FC 网络下，在位航空公司和新进入者提供同质服务（在线路 3 上直飞），这就使得线路 3 上存在激烈的飞机票价竞争，结果是新进入者获得零利润或负利润。因此，现在假定在位航空公司运营的是 HS 网络。

在位航空公司有两种可以接纳进入的方式。

首先，最简单的接纳进入方式是其放弃航线 3，此时它的利润为：

$$\pi^I = \sum_{i=1}^{2} \pi_i = \sum_{i=1}^{2} (\eta_i^H \beta_i^H + \eta_i^L \beta_i^L) - 2\mu \tag{7-7}$$

其次，在位航空公司可以通过许可部分进入接纳而进一步提高自己的利润。在进入接纳情况下，在位航空公司通过枢纽港城市间接运送的形式为线路 3 上的低时间价值的乘客提供服务，而新进入者只为线路 3 上的高时间价值的乘客服务。寻找飞机票价 p_3^I 和 p_3^E 的防降价均衡。根据防降价均衡的计算方法，在新进入者在

下式约束下所制定的最高价为 p_3^E 的条件下,有下式成立:

$$\pi^I = \sum_{i=1}^{2} (\eta_i^H \beta_i^H + \eta_i^L \beta_i^L) + \eta_3^L p_3^I - 2\mu \geqslant$$

$$\sum_{i=1}^{2} (\eta_i^H \beta_i^H + \eta_i^L \beta_i^L) + (\eta_3^H + \eta_3^L)(p_3^E - \delta_3) - 2\mu \tag{7-8}$$

同理,有下式成立:

$$\pi^E = \eta_3^H p_3^E - \mu \geqslant (\eta_3^H + \eta_3^L)(p_3^I - \delta_3) - \mu \tag{7-9}$$

对式(7-8)、式(7-9)两边同时取等号可以求出 p_3^I, p_3^E。

$$\begin{cases} p_3^E = \dfrac{\delta_3 (\eta_3^H + \eta_3^L)^2}{(\eta_3^H)^2 + \eta_3^H \eta_3^L + (\eta_3^L)^2} \\ p_3^I = \dfrac{\delta_3 (\eta_3^H + \eta_3^L)}{(\eta_3^H)^2 + \eta_3^H \eta_3^L + (\eta_3^L)^2} \end{cases} \tag{7-10}$$

通过比较式(7-10)的 p_3^I, p_3^E 得到 $p_3^E > p_3^I$。同时还可以得到新进入者和在位者的利润。

$$\begin{cases} \pi^E = \dfrac{\delta_3 (\eta_3^H + \eta_3^L)^2 \eta_3^H}{(\eta_3^H)^2 + \eta_3^H \eta_3^L + (\eta_3^L)^2} \\ \pi^I = \dfrac{\delta_3 (\eta_3^H + \eta_3^L) \eta_3^L}{(\eta_3^H)^2 + \eta_3^H \eta_3^L + (\eta_3^L)^2} + \\ \quad \sum_{i=1}^{2} (\eta_i^H \beta_i^H + \eta_i^L \beta_i^L) - 2\mu \end{cases} \tag{7-11}$$

通过比较式(7-11)与式(7-7)以及式(7-5)与式(7-11),可得命题7-2。

【命题 7-2】

假定在第三条航线上的高类型的乘客数量超过了特定阀值(假设 7-2),那么:① 在部分放松管制下,在位航空公司认为接纳进入比遏制进入更有利。② 航空业的放松管制使得航空公司放弃 FC 网络转而使用 HS 网络。

命题 7-2 表明在存在进入威胁之前,除非飞机的运行成本很高,否则独占垄断的航空公司将运用 FC 网络;另外,该命题也表明进入威胁足以有效促使在位公司转而使用 HS 网络。如果在位公司不完全放弃线路 3,在接纳进入的情况下,在位公司能够避免自己与新进入者间展开像 FC 网络下那样由于两家航空公司提供同质服务而进行的激烈的价格竞争。

7.5　航空公司之间的代码共享对定价的影响

7.5.1　代码共享概述

代码就是由国际民航组织提供的、用以在旅客机票、计算机订座系统、航空运输指南和机场信息牌上区分航空公司的航班号码。代码共享就是指不同的航空公司在同一个航班上使用各自航班代号的一种跨国公司联合协作的航空市场开拓方法。这样,航空公司可以在不投入成本的情况下,完善航线网络、扩大市场份额;旅客则能享受众多的航班和时刻选择、一体化的转机服务、优惠的环球票价、共同的休息厅等。代码共享其实质都是采用代码共享的航空公司通过在伙伴航空公司的航班上使用自己的代码,在不实际增加航班和相应开支的情况,扩展航线网络,提高运营效率,从而增强航空公司的竞争能力,并可以避开政府双边谈判和第六航权的限制,拓展国际市场。目前 70% 的国际战略联盟都是代码共享的,代码共享已经成为民航业战略联盟革命性的标志。由于各航空公司之间代码共享的初衷是绕过国际服务法典,扩大服务经营范围,因此随着国际民航业自由化、联盟化的发展以及我国民航市场的逐步放开,我国航空公司和外航之间的代码共享将越来越多,有关代码共享的研究也显得非常必要[①]。

7.5.2　不存在代码共享时的防降价均衡票价

当乘客在各航空公司中进行选择时,高度重视航班频率。设有 A,B 两个国家,两国各有一家航空公司,分别用 α 和 β 表示;假

---

① 王新安,杨秀云:《航空公司之间的代码共享及其对民航业的影响》,《兰州大学学报 (社会科学版)》,2006 年第 1 期。

设分别有 η_α 和 η_β 个航班从 A 到 B 和从 B 到 A。用 $f_\alpha(f_\alpha \geqslant 1)$ 表示 α 航空公司所提供的航班频率,用 $f_\beta(f_\beta \geqslant 1)$ 表示 β 航空公司所提供的航班频率,用 $p_i(i=\alpha,\beta)$ 表示航空公司的定价。定位于 i 航空公司的乘客的效用函数为:

$$U_\alpha = \begin{cases} k_\alpha f_\alpha - p_\alpha & \text{搭乘 } \alpha \\ k_\alpha f_\beta - \delta - p_\alpha & \text{搭乘 } \beta \end{cases}$$

和 (7-12)

$$U_\beta = \begin{cases} k_\beta f_\alpha - \delta - p_\alpha & \text{搭乘 } \alpha \\ k_\beta f_\beta - p_\beta & \text{搭乘 } \beta \end{cases}$$

其中 k_α 和 k_β 表示网络效应系数。

根据防降价均衡的计算方法,可以得到:

$$k_\beta f_\alpha - \delta - p_\alpha \leqslant k_\beta f_\beta - p_\beta \text{ 即 } p_\alpha \geqslant k_\beta(f_\alpha - f_\beta) + p_\beta - \delta \quad (7\text{-}13)$$

因此,α 航空公司在 p_β 固定下,利润最大化:

$$\pi_\alpha = \eta_\alpha p_\alpha \geqslant [k_\beta(f_\alpha - f_\beta) + p_\beta - \delta](\eta_\alpha + \eta_\beta) \quad (7\text{-}14)$$

同理,可以得到:

$$\pi_\beta = \eta_\beta p_\beta \geqslant [k_\alpha(f_\beta - f_\alpha) + p_\alpha - \delta](\eta_\alpha + \eta_\beta) \quad (7\text{-}15)$$

对式(7-14)和式(7-15)两边取等号,可以解出:

$$p_\alpha = \frac{\delta(2\eta_\beta + \eta_\alpha)(\eta_\beta + \eta_\alpha) + (f_\beta - f_\alpha)(\eta_\beta + \eta_\alpha)[\eta_\beta k_\beta - (\eta_\beta + \eta_\alpha)k_\alpha]}{\eta_\beta^2 + \eta_\alpha^2 + \eta_\beta \eta_\alpha}$$

(7-16)

$$p_\beta = \frac{\delta(2\eta_\alpha + \eta_\beta)(\eta_\beta + \eta_\alpha) + (f_\alpha - f_\beta)(\eta_\beta + \eta_\alpha)[\eta_\alpha k_\alpha - (\eta_\beta + \eta_\alpha)k_\beta]}{\eta_\beta^2 + \eta_\alpha^2 + \eta_\beta \eta_\alpha}$$

(7-17)

通过比较式(7-16)与式(7-17),可得命题 7-3。

【命题 7-3】

如果提高航空公司乘客的转移成本则可以提高票价;如果提高航空公司的航班频率则能否提高票价不易确定。

7.5.3 代码共享时的防降价均衡票价

在代码共享时,乘客的效用函数式(7-12)可以转化为:

$$U_\alpha = \begin{cases} k_\alpha(f_\alpha + f_\beta) - p_\alpha & \text{搭乘 } \alpha \\ k_\alpha(f_\alpha + f_\beta) - \delta - p_\alpha & \text{搭乘 } \beta \end{cases}$$

和 （7-18）

$$U_\beta = \begin{cases} k_\beta(f_\alpha + f_\beta) - \delta - p_\beta & \text{搭乘 } \alpha \\ k_\beta(f_\alpha + f_\beta) - p_\beta & \text{搭乘 } \beta \end{cases}$$

其中 k_α 和 k_β 表示网络效应系数。

根据防降价均衡的计算方法，可以得到：

$$k_\beta(f_\alpha + f_\beta) - \delta - p_\alpha \leqslant k_\beta(f_\alpha + f_\beta) - p_\beta \quad \text{即} \quad p_\alpha \geqslant p_\beta - \delta \quad (7\text{-}19)$$

因此，当 ρ_β 固定时，α 航空公司的利润最大化，为：

$$\pi_\alpha = \eta_\alpha p_\alpha \geqslant [p_\beta - \delta](\eta_\alpha + \eta_\beta) \tag{7-20}$$

同理，可以得到：

$$\pi_\beta = \eta_\beta p_\beta \geqslant [p_\alpha - \delta](\eta_\alpha + \eta_\beta) \tag{7-21}$$

对式（7-20）和式（7-21）两边取等号，可以解出：

$$p_\alpha = \frac{\delta(2\eta_\beta + \eta_\alpha)(\eta_\beta + \eta_\alpha)}{\eta_\beta^2 + \eta_\alpha^2 + \eta_\beta\eta_\alpha} \tag{7-22}$$

$$p_\beta = \frac{\delta(2\eta_\alpha + \eta_\beta)(\eta_\beta + \eta_\alpha)}{\eta_\beta^2 + \eta_\alpha^2 + \eta_\beta\eta_\alpha} \tag{7-23}$$

通过比较式（7-22）与式（7-23），可得命题 7-4。

【命题 7-4】

如果提高航空公司乘客的转移成本则可以提高票价；如果提高航空公司的航班频率则不能提高票价。

7.5.4 代码单向共享时的防降价均衡票价

如果 β 航空公司的乘客可以乘 α 航空公司的班次，反之不行，那么乘客的效用函数式（7-12）可以转化为：

$$U_\alpha = \begin{cases} k_\alpha f_\alpha - p_\alpha & \text{搭乘 } \alpha \\ k_\alpha(f_\alpha + f_\beta) - \delta - p_\alpha & \text{搭乘 } \beta \end{cases}$$

和 （7-24）

$$\begin{cases} \cdots - \delta - \cdots & \text{搭乘 } \alpha \\ k \cdots (f \cdots + f \cdots) \cdots p \cdots & \text{搭乘 } \beta \end{cases}$$

其中 k_α 和 k_β 表示网络效应系数。

根据防降价均衡的计算方法,可以得到:

$$k_\beta f_\alpha - \delta - p_\alpha \leqslant k_\beta (f_\alpha + f_\beta) - p_\beta, \quad 即 \quad p_\alpha \geqslant p_\beta - \delta - k_\beta f_\beta \quad (7-25)$$

因此,α 航空公司在 p_β 固定下,利润最大化:

$$\pi_\alpha = \eta_\alpha p_\alpha \geqslant (p_\beta - \delta - k_\beta f_\beta)(\eta_\alpha + \eta_\beta) \quad (7-26)$$

同理,可以得到:

$$\pi_\beta = \eta_\beta p_\beta \geqslant (p_\alpha - \delta + k_\alpha f_\beta)(\eta_\alpha + \eta_\beta) \quad (7-27)$$

对式(7-26)和式(7-27)两边取等号,可以解出

$$p_\alpha = \frac{\delta(2\eta_\beta + \eta_\alpha)(\eta_\beta + \eta_\alpha) + (\eta_\beta + \eta_\alpha)(k_\beta f_\beta \eta_\beta - k_\alpha f_\beta \eta_\alpha - k_\alpha f_\beta \eta_\beta)}{\eta_\beta^2 + \eta_\alpha^2 + \eta_\beta \eta_\alpha}$$

$$(7-28)$$

$$p_\beta = \frac{\delta(2\eta_\alpha + \eta_\beta)(\eta_\beta + \eta_\alpha) + (\eta_\beta + \eta_\alpha)(k_\beta f_\beta \eta_\alpha + k_\beta f_\beta \eta_\beta - k_\alpha f_\beta \eta_\alpha)}{\eta_\beta^2 + \eta_\alpha^2 + \eta_\beta \eta_\alpha}$$

$$(7-29)$$

通过比较式(7-28)与式(7-29)以及式(7-29)与式(7-17)和式(7-23),可得命题 7-5。

【命题 7-5】

如果提高航空公司乘客的转移成本则可以提高票价;如果 β 航空公司的乘客可以乘 α 航空公司的班次,反之不行,则 β 航空公司的定价与代码共享、代码不共享的关系不确定。

不同航空公司之间可以采取不同的网络结构进行竞争,也可以通过联盟和合作消除各航空公司在国内市场相互牵制、相互排斥的现象,同时国内各支线航空公司和干线航空公司可以通过相互之间的代码共享,增加支线和干线的航班频率和客座率,维持支线的运营,取得双赢的效果。我国政府要加紧制定相关法规,规范国内航空公司之间、国内航空公司和国外航空公司之间的代码共享行为,保护我国民航业的发展,同时要加紧有关民航立法,在市场准入、双边协议批准、代码共享协议的审批、航权交换、民航市场管理等方面,形成有利于中国航空企业生存发展的法律环境。

8 银行收费的定价研究

2007 年中国银行业协会的一份调查表明,大部分存款人在存款到期后仍然选择在原来的银行接受服务,只有少部分存款人会选择其他银行。在信用卡市场,那些与银行建立了密切关系的持卡人一旦转向新银行,就常常会面临信用卡透支额下降的局面[1]。近年来,ATM 机对我国金融电子化的发展起到了十分重要的作用,现在,ATM 机早已超越了自动取款机的范畴,从单一的取款功能向存取现金处理、账户信息查询打印、账户转账处理、账户管理等方面发展。随着金融电子化的进程加快,国内 ATM 机的竞争也在逐渐升级,目前正在兴起的网上银行、流动银行、电话银行、企业银行、家庭银行、自助银行、无人银行等其他电子商务,大大刺激了ATM 机的发展,自助服务终端是更容易让人接受的低成本营销渠道。提高发卡量、提高银行卡使用率同样是各商业银行竞争的主要手段。中国最近几年 ATM 增长速度维持在 10% 以上,远远高于世界其他国家 3% 的增长率[2]。在我国,支付方式主要还是通过现金,支票多用于对公业务,储蓄消费占据统治地位,这些特征基本构成中国支付文化的现状[3]。而银行卡作为近年来我国发展最快的非现金支付工具,银行卡的支付功能不断完善,不仅成为居民个人使用最频繁的非现金支付工具,而且初步形成由多个市场主体

---

① 钟志文:《缤纷银行卡　用它有讲究》,《财会月刊(财富)》,2001 年。

② 欧阳洪明:《ATM 自动柜员机在中国面临的挑战和发展》,《信息化》,2005 年第 11 期。

③ 汪泉,俞亚光,刘道国,黄浩,刑精平:《偏好、信用与机会主义:个体私营经济结算工具选择》,《金融研究》,2002 年第 4 期。

构成的产业链。我国银行卡市场是全球增长最快、发展最有潜力的市场①。尽管现金仍将是今后几年的主要支付手段,但银行卡和电子支付方式则是未来的发展趋势。

本章首先建立了银行账户收费的防降价均衡模型,推导出计算公式,并利用对镇江市商业银行进行抽样调查得出的数据推算出存款账户和贷款账户的转移成本经验估计;然后分析了银行利用 ATM 展开竞争的模型;最后分析了商家和买家对不同支付媒介的选择排序,得出了在不同交易额条件下的不同支付媒介的均衡。

8.1 银行账户的收费计算和转移成本的经验估计

当客户将自己的金融活动从一家银行转移到另一家银行的时候,他们必将承担一定的转移成本②。银行客户的转移成本主要包括以下四个方面:

(1)交易成本,如从原来的银行销户到新的银行开户的成本。

(2)学习成本,如了解和熟悉新银行的业务程序所花费的成本。

(3)关系成本,即离开原来的银行而不得不放弃的与原来银行的良好关系及优质服务或优惠价格。

(4)心理成本,对于转向新的银行后能否享受到更好的服务等无法事先确定时所存在的心理恐惧。

由于上述原因消费者每次在一家银行销户而转到另一家竞争银行开立账户并转移业务时,他们都将面临巨大的转移成本。从理论上讲,消费者转移成本增强了银行的市场力量,因此银行就在初期降低收费以吸引客户,然后再锁定客户,最终增加自己的市场份额,从而可以榨取超额费用并提高利润。

---

① 李剑:《从支付工具属性看信用卡的发展》,《业务平台》,2003 年第 10 期。

② 大卫·范胡斯:《电子商务经济学》,机械工业出版社,2003 年。

8.1.1 账户收费竞争模型

在收费竞争中,银行对收取的费用进行小幅调低并不会为银行增加很多利润。其原因在于客户将面临的是巨大的转移成本,一家银行小幅调低收费不足以吸引到其他银行的客户。因此为了同竞争对手争夺客户,银行必须大幅降低收费。考虑这样一个银行系统,其中有 $\lambda \geqslant 2$ 家银行,以 $i = 2, \cdots, \lambda$ 表示。储户在银行之间进行分配,最初在银行 $i(i = 1, 2, \cdots, \lambda)$ 已有 η_i 名消费者(以下记为 i 类消费者)开立了账户。

银行对每一个开户人收取一定的费用,这些费用可能包括固定月租费、提款费等费用。令 f_i 表示银行 i 收取的费用,$\delta_i > 0$ 表示消费者从其开户银行 i 转换到另一家银行的转移成本,q_i 表示在银行 i 开户的消费者人数,并假定银行不承担维护账户的生产成本,并且每个开户人的效用随着该银行拥有账户数量的增加而增加。

令 U_i 表示银行 i 的消费者的效用,则 i 类消费者的效用可以表示为:

$$U_i = \begin{cases} \alpha q_i - f_i & \text{留在银行 } i \\ \alpha q_j - f_j - \delta_i & \text{从银行 } i \text{ 转到银行 } j, j \neq i \end{cases} \qquad (8\text{-}1)$$

银行 i 的利润则可以表示为所收费用和账户数的函数:

$$\pi_i(f_1, \cdots, f_\lambda) = f_i q_i, i = 1, 2, \cdots, \lambda \qquad (8\text{-}2)$$

可以通过前面章节的两个竞争对手防降价均衡的计算方法来求解银行收费大小的防降价均衡。但是,因为在求解防降价均衡时必须从两家银行扩展到多家银行,所以每家银行都需要考虑某一时刻是否要对另外一家且只对这一家竞争银行实施降价竞争。显然,最易被其他银行锁定为竞争目标的银行就是拥有账户最小的银行。不失一般性,给银行编号,令银行 1 表示拥有最多账户的银行,银行 2 表示拥有次多账户的银行,以此类推,可以表示为:$\eta_1 > \eta_2 > \cdots > \eta_\lambda$。

从两家银行到多家银行的扩展如下:

（1）每一家银行 $i \neq \lambda$ 担心受到最小银行（银行 λ）的降价竞争，于是参照 f_λ 制定自己的收费标准 f_i。

（2）最小银行（银行 λ）担心自己成为银行 1（拥有最多账户的银行）的目标，于是参照 f_1 收费制定自己的费用标准 f_λ。

具体计算过程如下：

（1）令式（8-1）中的 $j=\lambda$ 和 $i \neq \lambda$，即除了最小银行外，其他银行都以最小银行作为竞争对象，根据防降价均衡的定义和式（8-1），得到

$$\alpha q_i - f_i \geqslant \alpha(q_i + q_\lambda) - f_\lambda - \delta_i \tag{8-3}$$

从式（8-3）可以得到：

$$f_\lambda \geqslant f_i - \delta_i + \alpha q_\lambda \tag{8-4}$$

这样，每一家银行 $i \neq \lambda$ 都把 f_λ 作为给定条件，并制定满足下式的最大费用 f_i：

$$\pi_\lambda = f_\lambda \eta_\lambda \geqslant (f_i - \delta_i + \alpha q_\lambda)(\eta_i + \eta_\lambda) \tag{8-5}$$

也就是说，由于担心受到银行 λ 的降价竞争，每一家银行 i 都在满足约束条件（即银行 λ 发现降价将无利可图）的前提下，最大化其费用 f_i。

（2）最小银行 λ 以最大银行 1 作为竞争对象，即取 $j=1$ 和 $i=\lambda$。根据防降价均衡的计算方法和式（8-1），得到：

$$\alpha q_\lambda - f_\lambda \geqslant \alpha(q_1 + q_\lambda) - f_1 - \delta_\lambda \tag{8-6}$$

从式（8-6）可以得到：

$$f_1 \geqslant f_\lambda - \delta_\lambda + \alpha q_1 \tag{8-7}$$

这样，最小银行 λ 把 f_1 作为给定条件，并制定满足下式的最大费用 f_λ：

$$\pi_1 = f_1 \eta_1 \geqslant (f_\lambda - \delta_\lambda + \alpha \eta_1)(\eta_1 + \eta_\lambda) \tag{8-8}$$

也就是说，由于担心受到银行 1 的降价竞争，最小银行 λ 在满足约束条件（即银行 1 发现降价将无利可图）的前提下，最大化其费用 f_λ。

（3）对式（8-5）、式（8-8）两边取等号：

$$f_\lambda \eta_\lambda = (f_1 - \delta_1 + \alpha \eta_\lambda)(\eta_1 + \eta_\lambda) \qquad (8\text{-}9)$$

$$f_1 \eta_1 = (f_\lambda - \delta_\lambda + \alpha \eta_1)(\eta_1 + \eta_\lambda) \qquad (8\text{-}10)$$

联立上述两个方程可以解出 f_1^*，f_λ^*。然后把 f_λ^* 代入下式：

$$f_\lambda \eta_\lambda = (f_i - \delta_i + \alpha q_\lambda)(\eta_i + \eta_\lambda)(i \neq 1, \lambda) \qquad (8\text{-}11)$$

（4）对上述中的转移成本参数 δ_i，可以通过历史数据估算出来：

$$\delta_i = f_i - \frac{f_\lambda \eta_\lambda}{\eta_i + \eta_\lambda} + \alpha \eta_\lambda (i \neq \lambda) \qquad (8\text{-}12)$$

$$\delta_\lambda = f_\lambda - \frac{f_1 \eta_1}{\eta_1 + \eta_\lambda} + \alpha \eta_1 \qquad (8\text{-}13)$$

8.1.2 转移成本的经验估计

尽管银行提供各种服务，但是大多数跟消费者和企业有关的服务都可以被分为两大类：一类是与活期存款有关的服务，包括处理客户的支票账户、付款服务和自动取款机服务；还有一类是银行向个人和企业发放贷款。下面通过历史数据分别计算活期存款市场和贷款市场的转移成本。

（1）活期存款市场的转移成本

现在根据 2007 年镇江市银行业数据进行计算。它由四家主要银行（中国工商银行、中国农业银行、中国银行、中国建设银行）的数据构成，包括：

① 账户数：该数据中的活动账户数往往会被高估，因为其中有些账户很少使用。

② 费用：对账户持有人收取的各种费用。所有费用均以年计算。

③ 直接费用：为维护银行账户而向每个账户持有人预收的费用。

④ 交易的费用：通过银行进行每笔支付交易所支付的费用。

表 8-1 给出了转移成本模型中将要用到的数据。

表 8-1 镇江市四大银行数据

数据	中国工商银行	中国农业银行	中国银行	中国建设银行
账户数/元	5 744 741	4 695 078	3 937 119	849 955
每个账户的费用/元	14	13	15	16
平均余额/元	4 952	4 495	2 756	4 722
费用/元	294	273	315	336
转移成本/元	266	237	271	183
转移成本/平均余额/%	5.4	5.3	9.8	3.9

注:所有数据均以元表示。各年的贴现率以 5% 的平均利率计算。

表 8-1 已经提供了三项基础数据,分别是账户数、每个账户的费用和平均余额。由于每个账户的费用是年现金流量,所以当客户考虑更换银行时,需要比较的不是每年每个账户的费用而是全部费用的贴现金额,这是因为转换通常是一次性操作。需要考虑贴现这个问题,所以该表已经直接给出了每一账户以一定的利率贴现后的总费用即 f_i。另外转移成本以及将转移成本与 2007 年每家银行所拥有的平均余额的百分比这两项数据是利用上一节中已经推导出来的银行防降价均衡公式,其中 α 数值的估算是通过 2006 年、2007 年镇江市建行数据推算出来的,为 0.000 018。

因为建行拥有的账户数最少,所以把它作为最小银行,即前面一节中所提到的 $\lambda=4$,现在将有关账户数 η_i 和费用 f_i 代入式(8-12)和式(8-13)中,这样就可以求出在银行 i 开户时的转移成本 δ_i。于是得到:

$$\delta_1 = f_1 - \frac{\eta_4 f_4}{\eta_1 + \eta_4} + \alpha \eta_4$$

$$= 294 - \frac{849\ 955}{5\ 744\ 741 + 849\ 955} \times 336 + 0.000\ 018 \times 849\ 955$$

$$\approx 266$$

$$\delta_2 = f_2 - \frac{\eta_4 f_4}{\eta_2 + \eta_4} + \alpha \eta_4$$

$$= 273 - \frac{849\ 955}{4\ 695\ 078 + 849\ 955} \times 336 + 0.000\ 018 \times 849\ 955$$

$$\approx 237$$

$$\delta_3 = f_3 - \frac{\eta_4 f_4}{\eta_3 + \eta_4} + \alpha \eta_4$$

$$= 315 - \frac{849\ 955}{3\ 937\ 119 + 849\ 955} \times 336 + 0.000\ 018 \times 849\ 955$$

$$\approx 271$$

$$\delta_4 = f_4 - \frac{\eta_1 f_1}{\eta_4 + \eta_1} + \alpha \eta_1$$

$$= 336 - \frac{5\ 744\ 741}{849\ 955 + 5\ 744\ 741} \times 294 + 0.000\ 018 \times 5\ 744\ 741$$

$$\approx 183$$

上述算出的转移成本数据列于表8-1中。

由于各个银行的转移成本已经算出来了,银行的平均余额也是已知的,最后求得转移成本/平均余额的值分别为5.4%,5.3%,9.8%和3.9%。

从表中可以看出:通常大银行施加于客户的转移成本较高,而小银行对客户施加转移成本较低。于是,建行吸引的是具有较低时间价值的客户,也就是说,对这些客户而言,转移成本不大,所以他们就转到收费最低的银行来。相反,收费较高的工行和中行吸引的是具有较高时间价值的客户,对这样的客户来说,转到收费低廉的银行所付出的代价非常大。另外表8-1的最后一行提供了一种通过相对指标即每家银行的转移成本与平均余额的比值来衡量银行存款市场的转移成本的方法,得到结论转移成本大约为储户的平均存款余额的3.9%至9.8%。

(2) 贷款市场的转移成本

客户在银行之间转换的成本不仅包括他们在一家银行终止账户和在另一家银行新开账户的直接成本,还包括那些尚未观察到,但却更为重要的成本即客户从一家银行停止贷款转到另一家银行进行贷款时所要面临的转移成本。

贷款市场的转移成本主要包括以下几个部分：

① 评估费。视评估价格而定。

② 签订借款合同的律师见证费。这是针对小型企业、个人贷款等的费用。

③ 抵押房产的保险费。

④ 办理房产的抵押登记费用。

⑤ 公证费。特殊客户需要办理公证的,需付公证费。

研究贷款市场的转移成本的潜在难点在于是否可以从估计的转移成本中分析出产品差别化的作用。根据调查分析,产品差别化可能主要源自两个方面:① 客户区位(客户到他们所使用的银行的分支机构的距离);② 某家银行所提供贷款的范围。因此,可以根据银行分支行的数目和不同贷款规模来抽取子样并在此基础上进行估计。

下面是对镇江市的几家银行进行的调查,此调查的主要结论是:镇江市一般的平均真实利率是 6.8%,平均转移成本则是 2.1%,这相当于市场平均贷款利率的 1/3。更准确地说,如果一家公司需要向已将其业务"锁定"的银行支付 6.8% 的贷款利息,那么同一家公司从一家竞争银行获取贷款最终就要支付 6.8% 加 2.1%(即 8.9%)的利息。

从银行的角度看一下"锁定"效应的价值究竟是多少。这一调查显示,银行 25% 的边际利润(指新增一个借款人的利润)来自其客户的"锁定"效应;另外,银行平均市场份额的 35% 来自于已建立的银行——借款人关系。

下面表 8-2 和表 8-3 分别显示了从不同的方面研究的镇江市几家银行的转移成本与银行规模的关系。

表 8-2　转移成本与银行规模的关系 1

分支行数目	1	6	10	11	13	30
转移成本/%	5.0	6.9	8.1	4.9	3.9	2.9

表 8-3　转移成本与银行规模的关系 2

贷款/10 亿元	0	1	2	4.5	6.5	8
转移成本/%	5.0	8.9	7.0	4.1	4.6	0.3

注：表 8-2 和表 8-3 是在给定 6.8％的平均市场利率的前提下，转移成本按最少分支行数和最低总贷款额衡量的银行规模的函数。

表 8-2 阐释了转移成本与按最少分支行数衡量的银行规模的关系。它表明了，当以每家银行所拥有的分支行数来衡量银行的规模时，转移成本随着规模的大小而反向变化。对于较大型银行（拥有 30 家以上分支行）而言，转移成本相当于这些银行贷款发放额 2.9％，而对于至少拥有 10 家分支行的银行来说，这一比例高达 8.1％。也就是说，假定平均真实利率是 6.8％，如果一家较大型银行的客户从另一家竞争银行那里获得贷款，其实际成本就约为 $6.8％(1+1/3)$ 的转移成本利息。相比之下，小银行的客户如果要转移到另一家竞争银行，他要再承担 1/3 的转移成本利息，即他要承担的实际成本将为 $6.8％(1+2/3)$。

转移成本随着银行规模反向变动表明，规模较大的银行（拥有多家分支行），其服务对象多为规模较大且流动性较强的客户，如信息不对称问题不那么突出的上市公司；再者，较大的客户在金融市场上获取信息的能力较强，这使得它们更具流动性（有更低的转移成本）。

表 8-3 说明了转移成本也随着银行贷款规模的大小而反向变动，可以确信的是，这两个子样是相关联的，因为通常拥有较多分支行的银行恰好会发放较多的贷款和拥有较多的借款人。

（3）存款账户与贷款市场的转移成本比较

通过对存款账户市场和贷款市场的经验分析表明,转移成本在这两个市场中差异很大。在存款账户市场中,转移成本往往随着以账户数目衡量的银行规模的增大而上升;而在贷款市场中,不论是以分支行数还是以总贷款额来衡量银行规模,转移成本都倾向于随着银行规模的增大而下降。

导致该差异的原因有两个:一种原因是由于在存款市场中,一家银行之所以"大"是因为它使用较高的转移成本来锁住客户,使得他们无法转换到其他银行去;相反,在贷款市场中,那些倾向于从大银行取得贷款的大客户并不需要承担巨大的转移成本,因为大公司的信用级别对所有银行来说是已知的,也就是说他们可以随意转换银行而不需要对利息的问题担忧。另一种原因是由于在存款市场中,认为一家银行规模"大"是因为它拥有大量的账户(即客户数比其他银行多)来吸引新的客户,因为拥有大量的账户数可以给新客户造成一种该银行发展十分稳定的印象,从而又吸引了更多的客户加入该银行;相反,在贷款市场中,这些拥有众多客户的大银行,对客户加入的要求必然高,当然服务设施必然齐全,因此大客户想要从这些银行转到其他小银行去贷款,这将是很容易的事,他们也无需承担很高的转移成本。

8.2　银行间利用 ATM 兼容性收费模型

8.2.1　ATM 概述

因为现金在日常生活中被广泛使用,而且储藏现金的成本较高,所以人们就频繁地从自动取款机(ATM)中提取现金。现在,ATM 机早已超越了自动取款机的范畴,从单一的取款功能向存、取现金处理、账户信息查询打印、账户转账处理、账户管理等方面发展,朝着自助银行、无人银行的方向迈进。如果银行间共享同一个网络,某一家银行的客户就可以从另一家竞争银行的 ATM

中提取现金。因此,ATM造就了一个可利用取款机网络提取现金的用户网络。

ATM分布越广,使用ATM的持卡人受益就越多。如果一个人无论在哪里都能很方便地取到钱,那么ATM网络的价值随着ATM分布数量的增多而增加。因此银行要想提高它的网络价值,可以通过两条途径,一是增加ATM的数量,另一个是将自己的网络和其他银行的网络连接起来。

8.2.2 银行利用ATM竞争的模型

作为银行柜台服务的延伸、自助服务中的重要角色——ATM是随着银行卡市场的产生而出现的[①]。发展到今天,ATM机的功能和ATM网络机制不断完善,ATM已经成为个人金融服务的重要终端。近年来金融企业为争夺消费者的竞争日趋激烈,其中银行通过ATM进行竞争是它们的一个行之有效的方法。下面分析当客户希望从ATM中取款或进行其他交易时银行间的费用竞争情况。

假设有两家银行,分别为 i,j,其中银行 i 拥有 a_i 台ATM,银行 j 拥有 a_j 台ATM;η_i,η_j 分别表示银行 i,j 的账户数。

【定义8-1】

ATM是:① 不兼容的。即如果银行i的客户只能从银行i所拥有的ATM中提款,银行j的客户只能从银行j所拥有的ATM中提款;② 兼容的。即假设所有的客户都可以从任何一台ATM上取款。

假定每个开户人的效用随着他可使用的ATM的数量的增加而增加。每位在银行 i,j 持有账户的消费者的效用函数可用公式表示为:

---

① 刘珉,刘晖:《美国电子支付方式的发展趋势》,《上海会计》,2006年第3期。

$$U_i = \begin{cases} \alpha_i a_i - f_i & \text{在银行 i(ATM 不兼容)} \\ \alpha_i a_j - f_j - \delta_i & \text{转换到银行 j(ATM 不兼容)} \\ \alpha_i (a_i + a_j) - f_i & \text{在银行 i(ATM 兼容)} \\ \alpha_i (a_i + a_j) - f_j - \delta_i & \text{转换银行 j(ATM 兼容)} \end{cases} \quad (8\text{-}14)$$

$$U_j = \begin{cases} \alpha_j a_j - f_j & \text{在银行 j(ATM 不兼容)} \\ \alpha_j a_i - f_i - \delta_j & \text{转换到银行 i(ATM 不兼容)} \\ \alpha_j (a_i + a_j) - f_j & \text{在银行 i(ATM 兼容)} \\ \alpha_j (a_i + a_j) - f_i - \delta_j & \text{转换到银行 i(ATM 兼容)} \end{cases} \quad (8\text{-}15)$$

其中:α_i,α_j 分别是银行 i,j 用户的网络系数;δ_i,δ_j 分别是银行 i,j 用户的转移成本。假设没有生产成本,那么对每家银行 i,j,其利润即为 $\pi_i = f_i \eta_i$,$\pi_j = f_j \eta_j$。

下面对 ATM 进行兼容、不兼容以及单向兼容进行分析。

(1) 不兼容的 ATM

假设不同银行的 ATM 是不兼容的,即式(8-14)、式(8-15)可以转化为:

$$U_i^{\text{def}} = \begin{cases} \alpha_i a_i - f_i & \text{在银行 i(ATM 不兼容)} \\ \alpha_i a_j - f_j - \delta_i & \text{转换到银行 j(ATM 不兼容)} \end{cases} \quad (8\text{-}16)$$

和

$$U_j^{\text{def}} = \begin{cases} \alpha_j a_j - f_j & \text{在银行 j(ATM 不兼容)} \\ \alpha_j a_i - f_i - \delta_j & \text{转换到银行 i(ATM 不兼容)} \end{cases} \quad (8\text{-}17)$$

根据防降价均衡的计算方法可得:

$$\alpha_j a_j - f_j \geqslant \alpha_j a_i - f_i - \delta_j \quad (8\text{-}18)$$

即:

$$f_i \geqslant f_j - \delta_j + \alpha_j (a_i - a_j) \quad (8\text{-}19)$$

因此有:

$$\pi_i = f_i \eta_i \geqslant [f_j - \delta_j + \alpha_j (a_i - a_j)][\eta_i + \eta_j] \quad (8\text{-}20)$$

同理可以得到:

$$\pi_j = f_j \eta_j \geqslant [f_i - \delta_i + \alpha_i (a_j - a_i)][\eta_i + \eta_j] \quad (8\text{-}21)$$

对式(8-20)、式(8-21)两边取等号,并联列这两个方程,可以解出:

$$f_i = \frac{\delta_i(\eta_i+\eta_j)^2 + \delta_j\eta_j(\eta_i+\eta_j) + (a_j-a_i)[\alpha_j(\eta_i+\eta_j)\eta_j - \alpha_i(\eta_i+\eta_j)^2]}{\eta_i^2+\eta_j^2+\eta_i\eta_j}$$

(8-22)

$$f_j = \frac{\delta_j(\eta_i+\eta_j)^2 + \delta_i\eta_i(\eta_i+\eta_j) + (a_i-a_j)[\alpha_i(\eta_i+\eta_j)\eta_i - \alpha_j(\eta_i+\eta_j)^2]}{\eta_i^2+\eta_j^2+\eta_i\eta_j}$$

(8-23)

因此可以得到两家银行以及行业的利润：

$$\pi_i = \frac{\delta_i(\eta_i+\eta_j)^2 + \delta_j\eta_j(\eta_i+\eta_j) + (a_j-a_i)[\alpha_j(\eta_i+\eta_j)\eta_j - \alpha_i(\eta_i+\eta_j)^2]}{\eta_i^2+\eta_j^2+\eta_i\eta_j}\eta_i$$

(8-24)

$$\pi_j = \frac{\delta_j(\eta_i+\eta_j)^2 + \delta_i\eta_i(\eta_i+\eta_j) + (a_i-a_j)[\alpha_i(\eta_i+\eta_j)\eta_i - \alpha_j(\eta_i+\eta_j)^2]}{\eta_i^2+\eta_j^2+\eta_i\eta_j}\eta_j$$

(8-25)

$$\begin{aligned}
\pi &= \pi_i + \pi_j \\
&= \frac{(\eta_i+\eta_j)^2(\delta_i\eta_i+\delta_j\eta_j) + \eta_i\eta_j(\eta_i+\eta_j)(\delta_i+\delta_j)}{\eta_i^2+\eta_j^2+\eta_i\eta_j} + \\
&\quad \frac{(a_i-a_j)[\alpha_i(\eta_i+\eta_j)\eta_i\eta_j - \alpha_j(\eta_i+\eta_j)^2\eta_j}{\eta_i^2+\eta_j^2+\eta_i\eta_j} - \\
&\quad \frac{\alpha_i(\eta_i+\eta_j)\eta_i\eta_j + \alpha_j(\eta_i+\eta_j)^2\eta_j]}{\eta_i^2+\eta_j^2+\eta_i\eta_j}
\end{aligned}$$

(8-26)

根据式(8-22)至式(8-26)可以推出以下命题。

【命题 8-1】

在防降价均衡中，当每家银行相对竞争对手增加 ATM 的安装数量，其收费(利润)和行业利润可能会增加也可能会减少。

(2) 兼容的 ATM

假设不同银行的 ATM 是兼容的，那么，所有银行的所有客户都可使用所有的 ATM。这样，式(8-14)、式(8-15)可以转化为：

$$U_i = \begin{cases} \alpha_i(a_i+a_j) - f_i & \text{在银行 i(ATM 兼容)} \\ \alpha_i(a_i+a_j) - f_j - \delta_i & \text{转换到银行 j(ATM 兼容)} \end{cases}$$

(8-27)

和

$$U_j = \begin{cases} \alpha_j(a_i + a_j) - f_j & \text{在银行 j(ATM 兼容)} \\ \alpha_j(a_i + a_j) - f_i - \delta_j & \text{转换到银行 i(ATM 兼容)} \end{cases} \quad (8\text{-}28)$$

根据防降价均衡的计算方法可得:

$$\alpha_j(a_i + a_j) - f_j \geqslant \alpha_j(a_i + a_j) - f_i - \delta_j \quad (8\text{-}29)$$

即:

$$f_i \geqslant f_j - \delta_j \quad (8\text{-}30)$$

因此有:

$$\pi_i = f_i \eta_i \geqslant (f_j - \delta_j)(\eta_i + \eta_j) \quad (8\text{-}31)$$

同理可以得到:

$$\pi_j = f_j \eta_j \geqslant (f_i - \delta_i)(\eta_i + \eta_j) \quad (8\text{-}32)$$

对式(8-31)、式(8-32)两边取等号,并联列这两个方程,可以解出:

$$f_i^C = \frac{\delta_j(\eta_i + \eta_j)\eta_j + \delta_i(\eta_i + \eta_j)^2}{\eta_i^2 + \eta_j^2 + \eta_i \eta_j} \quad (8\text{-}33)$$

$$f_j^C = \frac{\delta_i(\eta_i + \eta_j)\eta_i + \delta_j(\eta_i + \eta_j)^2}{\eta_i^2 + \eta_j^2 + \eta_i \eta_j} \quad (8\text{-}34)$$

因此可以得到两家银行以及行业的利润:

$$\pi_i^C = \frac{\delta_j(\eta_i + \eta_j)\eta_j + \delta_i(\eta_i + \eta_j)^2}{\eta_i^2 + \eta_j^2 + \eta_i \eta_j} \eta_i \quad (8\text{-}35)$$

$$\pi_j^C = \frac{\delta_i(\eta_i + \eta_j)\eta_i + \delta_j(\eta_i + \eta_j)^2}{\eta_i^2 + \eta_j^2 + \eta_i \eta_j} \eta_j \quad (8\text{-}36)$$

$$\pi^C = \pi_i^C + \pi_j^C = \frac{(\delta_j + \delta_i)(\eta_i + \eta_j)\eta_i \eta_j + (\delta_i \eta_i + \delta_j \eta_j)(\eta_i + \eta_j)^2}{\eta_i^2 + \eta_j^2 + \eta_i \eta_j} \eta_i$$

$$(8\text{-}37)$$

这里上标 C 表示兼容。根据式(8-35)至式(8-37)可以推出以下命题。

【命题 8-2】

在防降价均衡中,每家银行的收费(利润)和行业利润与 ATM 的数量无关,它们取决于客户的转移成本和客户数量。

(3) 单向兼容的 ATM

假设银行 i 将自己的 ATM 向包括银行 j 的客户在内的所有客户开放,然而银行 j 安装的是不兼容的 ATM,也就是说,银行 j 的 ATM 只提供给银行 j 自己的客户使用。这样,式(8-14)、式(8-15)可以分别转化为:

$$U_i^{\text{def}} = \begin{cases} \alpha_i a_i - f_i & \text{在银行 i} \\ \alpha_i(a_i + a_j) - f_j - \delta_i & \text{转换到银行 j} \end{cases} \tag{8-38}$$

$$U_j^{\text{def}} = \begin{cases} \alpha_j(a_i + a_j) - f_j & \text{在银行 j} \\ \alpha_j a_i - f_i - \delta_j & \text{转换到银行 i} \end{cases} \tag{8-39}$$

根据防降价均衡的计算方法可得:

$$\alpha_j(a_i + a_j) - f_j \geqslant \alpha_j a_i - f_i - \delta_j \tag{8-40}$$

即:

$$f_i \geqslant f_j - \delta_j - \alpha_j a_j \tag{8-41}$$

因此有:

$$\pi_i = f_i \eta_i \geqslant (f_j - \delta_j - \alpha_j a_j)(\eta_i + \eta_j) \tag{8-42}$$

同理可以得到:

$$\pi_j = f_j \eta_j \geqslant (f_i - \delta_i + \alpha_i a_j)(\eta_i + \eta_j) \tag{8-43}$$

对式(8-42)、式(8-43)两边取等号,并联列这两个方程,可以解出:

$$f_i^C = \frac{\delta_j(\eta_i + \eta_j)\eta_j + \delta_i(\eta_i + \eta_j)^2 + a_j[\alpha_j(\eta_i + \eta_j)\eta_j - \alpha_i(\eta_i + \eta_j)^2]}{\eta_i^2 + \eta_j^2 + \eta_i\eta_j} \tag{8-44}$$

$$f_i^N = \frac{\delta_j(\eta_i + \eta_j)\eta_j + \delta_i(\eta_i + \eta_j)\eta_i + a_i\alpha_i(\eta_i\eta_j + \eta_j^2)}{\eta_i^2 + \eta_j^2 + \eta_i\eta_j} \tag{8-45}$$

因此可以得到两家银行以及行业的利润:

$$\pi_i^C = \frac{\delta_j(\eta_i + \eta_j)\eta_j + \delta_i(\eta_i + \eta_j)^2 + a_j[\alpha_j(\eta_i + \eta_j)\eta_j - \alpha_i(\eta_i + \eta_j)^2]}{\eta_i^2 + \eta_j^2 + \eta_i\eta_j}\eta_i \tag{8-46}$$

$$\pi_j^N = \frac{\delta_j(\eta_i + \eta_j)\eta_j + \delta_i(\eta_i + \eta_j)\eta_i + a_i\alpha_i(\eta_i\eta_j + \eta_j^2)}{\eta_i^2 + \eta_j^2 + \eta_i\eta_j}\eta_j \tag{8-47}$$

$$\pi = \pi_i^C + \pi_j^N \tag{8-48}$$

这里上标 C 表示兼容、N 表示不兼容。根据式(8-46)至式(8-48)可以推出以下命题。

【命题 8-3】

在防降价均衡中,银行 j 的收费(利润)随着银行 i 的 ATM 数量的增加而增加,而银行 i 的收费(利润)随着银行 i 的 ATM 数量的增加可能会增加也可能会减少,同时行业利润与 ATM 数量的关系不确定。

8.3 银行的不同支付工具选择

迄今为止,世界支付工具经历了四次重大创新:第一次是金属货币的出现,让商品货币退出了支付舞台;第二次是纸币的出现,除了小额硬币以外,纸币几乎代替了所有的金属货币;第三次是支票的出现,支票并没有完全替代纸币,但在发达国家和地区,支票已经成为现金以外最重要的支付工具;第四次就是以信用卡为代表的支付卡的出现[1]。目前,人们使用最广泛的支付工具是现金、支票、支付通知、借记卡和信用卡等,但只有法定货币的现金才为交易提供最终的结算,其他支付方式都与消费者的银行账户或发卡人提供的信用额度有关。

8.3.1 商家和买家对不同支付工具的选择排序

尽管货币已被宣布为法定货币,人们在各种交易当中仍然还使用其他的支付手段,如支票、信用卡和电子货币。对于不同支付媒介的并存问题,本节从现行的支付手段都具有操作成本这样一个特点,对该问题进行分析。在采用货币作为支付手段的情况下,这些成本是由实际处理和储存纸币与硬币而产生的。在采用与账户有关的支付工具的情况下,成本是由于信用审核、薄记和

---

[1] 黄亚钧:《现代投资银行的业务和经营》.上海立信会计出版社,2002 年。

与系统的中心操作员联系产生的。由于成本结构的原因,货币依然是小额交易最主要的支付手段,而基于账户的支付工具则主要应用于中等金额和大额交易。现在,又有一种新型的支付工具,即电子货币卡,它在小额交易中有取代货币的趋势。

(1) 商家对不同支付工具的选择排序

一个出售价值为 p 商品的商家,将会面对 η 个同质购买者。如果买家在购买这些商品时用的是现金支付,那么商家必须接受,因为现金是经济中唯一的法定货币。另外,如果觉得有利可图,每个商家还可以选择接受电子货币卡、支票和记账卡。下面,要对商家在接受每一种支付媒介时所要承担的费用成本做一些假设。

① 电子货币卡。假设如果发卡人不收取任何费用,那么商家就不存在与电子货币卡交易有关的实际成本。

② 现金。在交易活动中,接受现钞和硬币的商家将承担两类成本:

a. 时间损失,表示为 T^M,指与收钱、点钱、辨别真伪、找零等有关的时间价值。

b. 概率为 $0 \leqslant \lambda^M \leqslant 1$ 的预期损失(被抢劫或丢失)。

总之,那些交易金额为 p 并接受现金的商家,其每笔交易的预期成本是:

$$C = T^M + \lambda^M p \qquad (8\text{-}49)$$

③ 支票:在交易中,每一个接受支票的商家都将承担一个固定的交易成本,表示为 $T^{M,CK}$,这包括花费在阅读支票信息和为到银行提款而花费的时间价值。

④ 记账卡:对记账卡交易性质的认识基于这样一个假设,即商家必须支付通过第三方进行的客户信用审查服务的费用。它与用电子货币卡进行支付的交易不同,接受客户记账卡的商家须获得能够证实客户确有足够的信用额度的授权。令 ϕ 表示商家每笔交易的信用审核成本,且假设 $T^M \leqslant T^{M,CK} \leqslant \phi$。

　　对上述成本进行分析,画出了图 8-1。该图表明了商家是如何按成本大小对不同的支付媒介进行排序的。如图所示,顺序为从成本最低的媒介(第一选择)到成本次高、成本第三高和最高(即第二、第三和第四选择)的媒介。

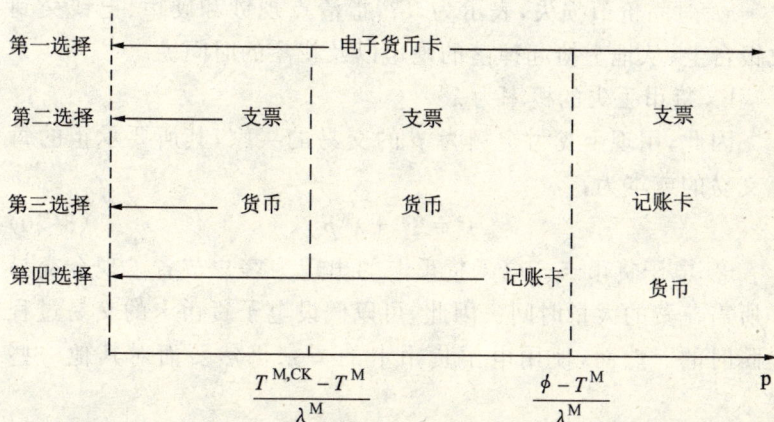

图 8-1　商家对支付媒介的排序

　　由上图可以明显看出,商家发现电子货币卡是最有利可图的支付方式,因为对他们来说交易不产生任何成本。如果由于某种原因未使用电子货币卡,那么当 $T^M + \lambda^M p \leqslant T^{M,CK}$ 时,则现金交易成本比支票成本要低,因此,所有小额交易均满足 $p \leqslant (T^{M,CK} - T^M)/\lambda^M$;而当 $\phi \leqslant T^M + \lambda^M p$ 时,则记账卡成本比现金交易成本要低,因此在大额交易均满足 $p \geqslant (\Phi - T^M)/\lambda^M$ 时,在面临货币和记账卡这两种支付媒介时,商家就会优先选择记账卡了;最后,因为现代科技的发达,支票的信用审核已经不再像以前那么繁琐,甚至比记账卡还方便,所以可以假设为 $T^{M,CK} \leqslant \phi$,因此,在进行大额交易时商家可能会优先选择支票。另外,从上图可以看出,在中等额度交易时,支票也比较受商家青睐。

　　(2) 买家对不同支付工具的选择排序

　　在该模型中,买家是从商家购买商品和服务的人。买家当然总可以使用现金支付,但如果想使用电子货币卡、支票或记账卡时,只有当商家同意接受时,交易才能完成。现在我们对买家使用的各种支付方式所要承担的成本进行假设:

① 现金。由消费者承担的成本有两类:

a. 时间价值损失,表示为 T^B,指清点现钞和硬币、把钱交到收银台上、从地上捡起掉落的硬币以及找零的时间。

b. 货币丢失的概率为 λ^B。

因此,用现金支付金额为 p 的交易的买家,其所要承担的每笔交易的成本为:

$$C = T^B + \lambda^B p \qquad (8\text{-}50)$$

② 电子货币卡。电子货币卡的出现为客户节省了现金交易中所需花费的大量时间。因此,可以假设电子货币卡的交易过程是瞬时的。然而,使用电子货币卡的买家仍然要面对其他一些成本。

a. 丢失卡的概率为 λ^B(与货币丢失的概率相同)。

b. 因磁性错误导致了卡无法阅读,进而导致电子货币的丢失,其概率为 γ^B。这一成本表明了电子货币技术上的缺陷。

因此,买家在金额为 p 的交易中使用电子货币卡支付时,每笔交易的成本是:

$$C = (\lambda^B + \gamma^B) p \qquad (8\text{-}51)$$

式(8-50)和式(8-51)表明了现金和电子货币卡都有一个相同的损失概率 λ^B,因为一个丢失钱包的人会同时丢掉现金和电子货币卡。另外,电子货币卡在发生磁性错误时会失去其价值。

③ 支票。在交易中,每一个签发支票的买家都将承担一个与签发时间有关的固定成本,表示为 $T^{B,CK}$。

④ 记账卡。假设记账卡对买家不产生任何实际成本。因此,从消费者的角度看,记账卡是成本最低的支付手段,且假设 $(\lambda^B + \gamma^B) p \leqslant T^B + \lambda^B p \leqslant T^{B,CK}$。

对上述成本进行分析后,揭示出买家是如何按成本大小对不同的支付媒介进行排序的。如图 8-2 所示,顺序为从成本最低的媒介(第一选择)到成本次高、成本第三高和最高(即第二、第三和第四选择)的媒介。

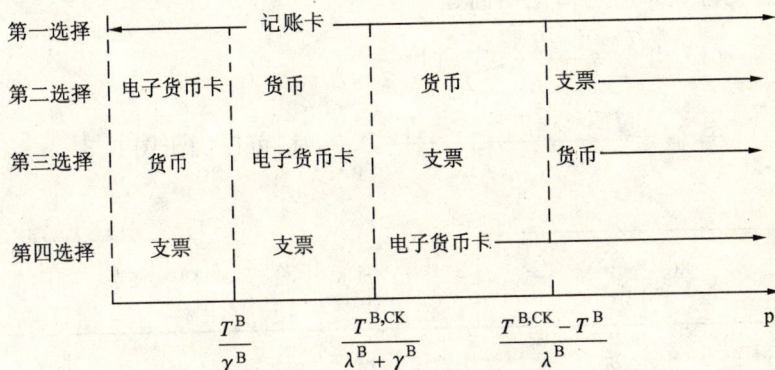

第一选择	记账卡			
第二选择	电子货币卡	货币	货币	支票
第三选择	货币	电子货币卡	支票	货币
第四选择	支票	支票	电子货币卡	

$$\frac{T^{B}}{\gamma^{B}} \qquad \frac{T^{B,CK}}{\lambda^{B}+\gamma^{B}} \qquad \frac{T^{B,CK}-T^{B}}{\lambda^{B}} \qquad p$$

图 8-2 买家对支付媒介的排序

图 8-2 表明,消费者总是比较喜欢用记账卡来付款。但如果记账卡不被接受,那么他们会优先选择用电子货币卡去支付满足 $(\lambda^{B}+\gamma^{B})p \leqslant T^{B}+\lambda^{B}p$ 的小额交易,用现金去支付满足 $\frac{T^{B}}{\gamma^{B}} \leqslant p \leqslant \frac{T^{B,CK}-T^{B}}{\lambda^{B}}$ 的中等额度交易,而用支票去支付满足 $p \geqslant \frac{T^{B,CK}-T^{B}}{\lambda^{B}}$ 的大额交易。原因在于,电子货币卡可能会发生磁性错误而使卡内的金额消失,买家往往不轻易在该卡中存放大量现金;另外,买家在支付大额交易时,由于携带现金不方便,而且也不安全,因此,他们只好选择支票去支付。

8.3.2 不同支付媒介的均衡决定

前几节研究了商家和买家是分别怎样选择不同的支付工具后,就可以分析在一个既定的经济中多种支付工具是如何共存的。其实,决定各种支付媒介均衡使用的关键之处在于现金为法定货币。这意味着商家和买家可以拒绝接受任何其他支付方式,但唯独不能拒绝现金。所以，交易中的任何一方都可以坚持使用现金付款，如果他认为这样对自己有利的话。

下面结合图 8-1 和图 8-2，通过划分区间法来详细地讨论一下支付媒介的均衡使用问题。

（1）当 $\dfrac{T^{\mathrm{M,CK}}-T^{\mathrm{M}}}{\lambda^{\mathrm{M}}}\leqslant\dfrac{T^{\mathrm{B}}}{\gamma^{\mathrm{B}}}$ 时

① 假定 $\dfrac{T^{\mathrm{M,CK}}-T^{\mathrm{M}}}{\lambda^{\mathrm{M}}}\leqslant\dfrac{\varPhi-T^{\mathrm{M}}}{\lambda^{\mathrm{M}}}\leqslant\dfrac{T^{\mathrm{B}}}{\gamma^{\mathrm{B}}}$ 时，可以画出图 8-3。

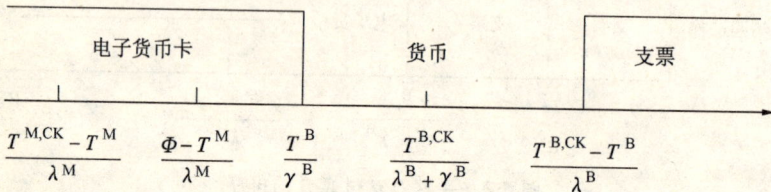

电子货币卡		货币	支票

$$\frac{T^{\mathrm{M,CK}}-T^{\mathrm{M}}}{\lambda^{\mathrm{M}}}\qquad\frac{\varPhi-T^{\mathrm{M}}}{\lambda^{\mathrm{M}}}\qquad\frac{T^{\mathrm{B}}}{\gamma^{\mathrm{B}}}\qquad\frac{T^{\mathrm{B,CK}}}{\lambda^{\mathrm{B}}+\gamma^{\mathrm{B}}}\qquad\frac{T^{\mathrm{B,CK}}-T^{\mathrm{B}}}{\lambda^{\mathrm{B}}}$$

图 8-3　区间 1 的买卖双方都接受支付工具的选择均衡

根据图 8-3 可以分析得出虽然消费者比较喜欢用记账卡来支付，但是由于不被商家接受，所以当 $p\leqslant\dfrac{T^{\mathrm{B}}}{\gamma^{\mathrm{B}}}$ 时，他们优先选择用电子货币卡去支付该小额交易，而图 8-1 表明电子货币卡是商家的第一选择，所以交易完成。而当交易额 p 在区间 $\left[\dfrac{T^{\mathrm{B}}}{\gamma^{\mathrm{B}}},\dfrac{T^{\mathrm{B,CK}}-T^{\mathrm{B}}}{\lambda^{\mathrm{B}}}\right]$ 时，买家优先选择了现金去进行交易，而现金是法定的货币，商家是不能拒绝接受的，因此在该区域，商家和买家用现金完成了交易，支付工具实现了匹配。最后，当 $p\geqslant\dfrac{T^{\mathrm{B,CK}}-T^{\mathrm{B}}}{\lambda^{\mathrm{B}}}$ 时，买家选择了支票支付，而图 8-1 表明了支票是商家仅次于电子货币卡的第二选择。因此大额交易将用支票来支付。

② 假定 $\dfrac{T^{\mathrm{B}}}{\gamma^{\mathrm{B}}}\leqslant\dfrac{\varPhi-T^{\mathrm{M}}}{\lambda^{\mathrm{M}}}\leqslant\dfrac{T^{\mathrm{B,CK}}}{\lambda^{\mathrm{B}}+\gamma^{\mathrm{B}}}$ 时，可以画出图 8-4。

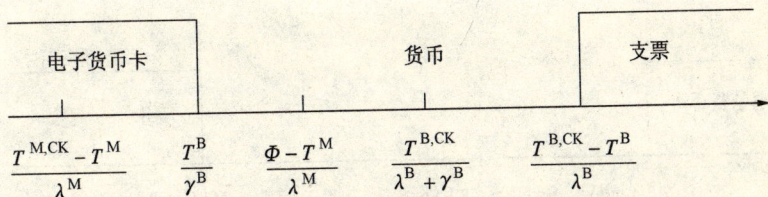

图 8-4 区间 2 的买卖双方都接受的支付工具的选择均衡

根据图 8-4 分析得出：当 $p \leqslant \dfrac{T^B}{\gamma^B}$ 时，他们优先选择用电子货币卡去支付该小额交易，而图 8-2 表明 p 在区间 $\left[\dfrac{T^B}{\gamma^B}, \dfrac{T^{B,CK} - T^B}{\lambda^B}\right]$ 时，现金是买家仅次于记账卡（这种方式被商家拒绝）的第二选择，现金是法定货币，所以交易也可以完成。最后当 $p \geqslant \dfrac{T^{B,CK} - T^B}{\lambda^B}$ 时，解释同图 8-3。

③ 按照上述方法，依此类推下去，可画出以下各图：

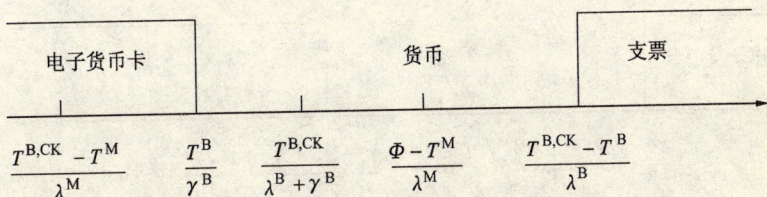

图 8-5 区间 3 的买卖双方都接受的支付工具的选择均衡

④

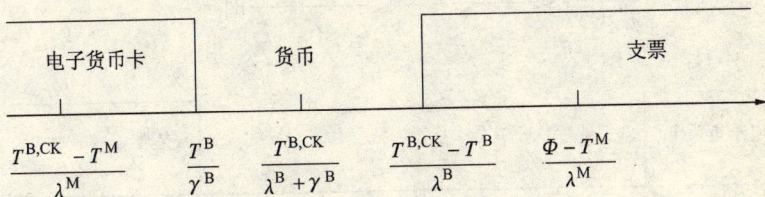

图 8-6 区间 4 的买卖双方都接受的支付工具的选择均衡

（2）当 $\dfrac{T^{B,CK}}{\lambda^B + \gamma^B} \geqslant \dfrac{T^{M,CK} - T^M}{\lambda^M} \geqslant \dfrac{T^B}{\gamma^B}$ 时

①

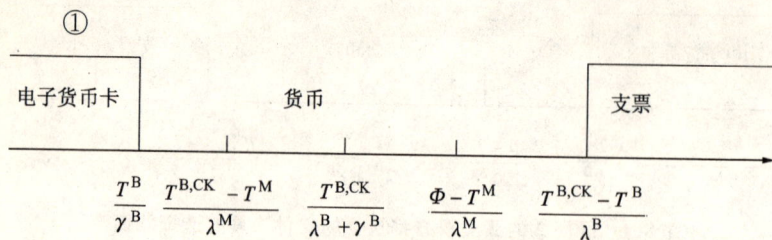

| 电子货币卡 | 货币 | 支票 |

$$\frac{T^{\mathrm{B}}}{\gamma^{\mathrm{B}}} \quad \frac{T^{\mathrm{B,CK}}-T^{\mathrm{M}}}{\lambda^{\mathrm{M}}} \quad \frac{T^{\mathrm{B,CK}}}{\lambda^{\mathrm{B}}+\gamma^{\mathrm{B}}} \quad \frac{\Phi-T^{\mathrm{M}}}{\lambda^{\mathrm{M}}} \quad \frac{T^{\mathrm{B,CK}}-T^{\mathrm{B}}}{\lambda^{\mathrm{B}}}$$

图 8-7 区间 5 的买卖双方都接受的支付工具的选择均衡

②

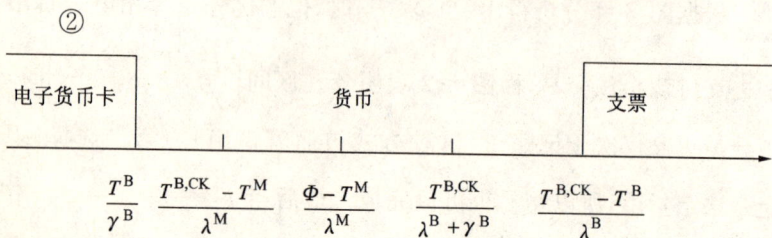

| 电子货币卡 | 货币 | 支票 |

$$\frac{T^{\mathrm{B}}}{\gamma^{\mathrm{B}}} \quad \frac{T^{\mathrm{B,CK}}-T^{\mathrm{M}}}{\lambda^{\mathrm{M}}} \quad \frac{\Phi-T^{\mathrm{M}}}{\lambda^{\mathrm{M}}} \quad \frac{T^{\mathrm{B,CK}}}{\lambda^{\mathrm{B}}+\gamma^{\mathrm{B}}} \quad \frac{T^{\mathrm{B,CK}}-T^{\mathrm{B}}}{\lambda^{\mathrm{B}}}$$

图 8-8 区间 6 的买卖双方都接受的支付工具的选择均衡

③

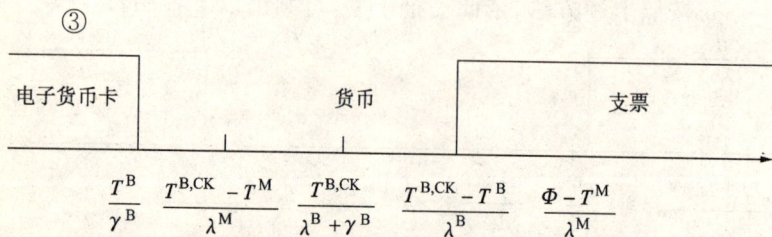

| 电子货币卡 | 货币 | 支票 |

$$\frac{T^{\mathrm{B}}}{\gamma^{\mathrm{B}}} \quad \frac{T^{\mathrm{B,CK}}-T^{\mathrm{M}}}{\lambda^{\mathrm{M}}} \quad \frac{T^{\mathrm{B,CK}}}{\lambda^{\mathrm{B}}+\gamma^{\mathrm{B}}} \quad \frac{T^{\mathrm{B,CK}}-T^{\mathrm{B}}}{\lambda^{\mathrm{B}}} \quad \frac{\Phi-T^{\mathrm{M}}}{\lambda^{\mathrm{M}}}$$

图 8-9 区间 7 的买卖双方都接受的支付工具的选择均衡

（3）当 $\dfrac{T^{\mathrm{B,CK}}}{\lambda^{\mathrm{B}}+\gamma^{\mathrm{B}}} \leqslant \dfrac{T^{\mathrm{M,CK}}-T^{\mathrm{M}}}{\lambda^{\mathrm{M}}} \leqslant \dfrac{T^{\mathrm{B,CK}}-T^{\mathrm{B}}}{\lambda^{\mathrm{B}}}$ 时

①

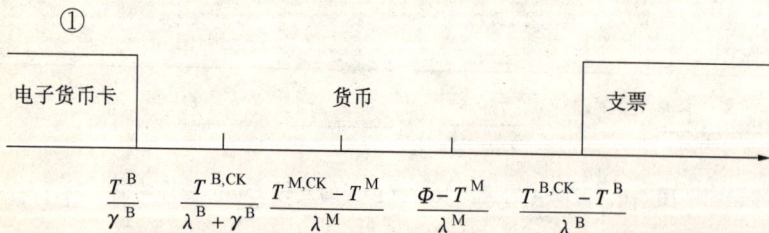

| 电子货币卡 | 货币 | 支票 |

$$\frac{T^{\mathrm{B}}}{\gamma^{\mathrm{B}}} \quad \frac{T^{\mathrm{B,CK}}}{\lambda^{\mathrm{B}}+\gamma^{\mathrm{B}}} \quad \frac{T^{\mathrm{M,CK}}-T^{\mathrm{M}}}{\lambda^{\mathrm{M}}} \quad \frac{\Phi-T^{\mathrm{M}}}{\lambda^{\mathrm{M}}} \quad \frac{T^{\mathrm{B,CK}}-T^{\mathrm{B}}}{\lambda^{\mathrm{B}}}$$

图 8-10 区间 8 的买卖双方都接受的支付工具的选择均衡

②

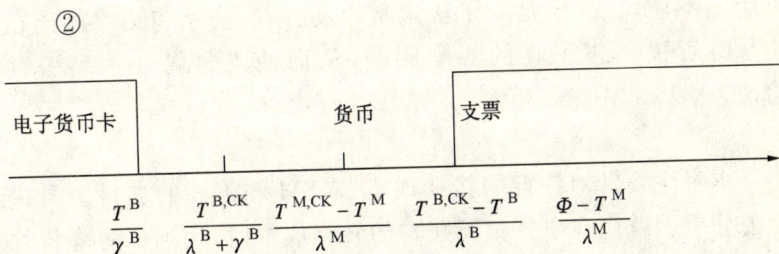

图 8-11　区间 9 的买卖双方都接受的支付工具的选择均衡

（4）当 $\dfrac{T^{\mathrm{M,CK}}-T^{\mathrm{M}}}{\lambda^{\mathrm{M}}}\geqslant\dfrac{T^{\mathrm{B,CK}}-T^{\mathrm{B}}}{\lambda^{\mathrm{B}}}$ 时，如下图：

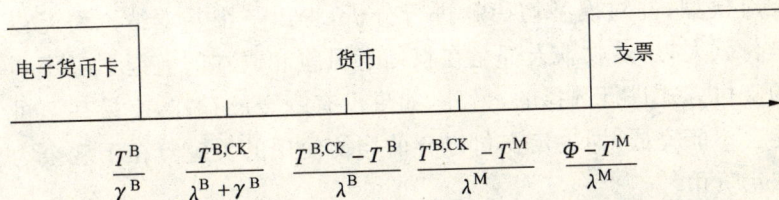

图 8-12　区间 10 的买卖双方都接受的支付工具的选择均衡

　　根据图 8-1 至图 8-12 可以得出，一般小额交易由电子货币卡完成，中等金额交易用现金完成，大额交易是用支票来支付的。正如模型所揭示的那样，在进行大额交易时，买家害怕将现金转换为存在卡里的数字货币，因为磁性错误会使他们的金钱消失得无影无踪，而携带大量的现金既不安全又不方便，只有支票占有一定的优势，支票的前景很可观。

　　通常在各种资金清算手段中，现金交易是最原始的手段。但是大量现金交易的缺点是显而易见的，如大额交易中现金媒介效率较低、现金交易不留痕迹及非法交易难以追查等特点，使现金成为各种地下交易甚至灰色交易的最佳支付手段。因此，票据支付方式的出现是降低交易成本的必由之路。但是，法定货币（现金）的存在是必然的。假设没有法定货币的存在，交易有的时候可能还不能完成,正是有了法定货币的存在,商家和买家才能在交易时解决支付工具的匹配问题,从而使支付媒介达到一种均衡。

　　本章主要针对银行的转移成本、ATM 和不同的支付工具进行了分析。首先在研究银行账户的转移成本时,用到了防降价均衡;其次在对银行利用 ATM 竞争的模型研究中,结合 ATM 网络的兼容与否的情况,描述了银行收费的防降价均衡及其利润水平;最后,文章讲到了货币的网络效应,然后阐释了市场中法定货币与其他多种支付工具并存的奇特现象,并建立了支付工具博弈配对模型,并对模型均衡解进行分析,得出一个基本结论为无论是付款人,还是收款人都是在权衡了风险和成本的前提下对不同的支付方式进行选择的,另外,如果没有现金的存在,交易甚至可能会不能完成,即决定支付媒介的均衡使用的关键点在于现金为法定货币。

9　结论与展望

9.1　本书的主要观点和结论

本书研究了网络产品定价中的几个关键问题，包括消费者效用、兼容性、网络外部性、转移成本、市场垄断和社会福利等。定性研究和定量模型研究相结合，通过分析得到如下重要结论：

（1）在计算机硬件方面：首先分析说明，如果兼容性生产起来并不是太昂贵，那么厂商可通过生产兼容性机器获益。在兼容情况下，由于厂商设法从消费者身上榨取更多的剩余，消费者境况变差。通过分析知道，只要所有的消费者以同样的方式看待从兼容性中获得的利益，就不会发生社会失效，因此当厂商仅从社会角度看收益时才选择兼容性。无论消费者购买单一品牌（垄断情况），还是消费者对不同品牌存在不同偏好（双寡头情况），上述结论都成立。然后，从互补产品的角度出发，构造了消费者的效用函数，在一定的条件下得出兼容性对消费者、生产者、社会计划者都是最好的，因此得出的结论是，只要互补产品的市场能够提供社会最优的兼容性，政府干预就不存在必要性。

（2）在计算机软件方面：根据网络效应和软件的开发成本是软件产品经济问题分析的基础，首先分析了软件产品的经济特征和生产原则尤其是按边际成本定价对软件不实用，然后分析了兼容和不兼容两种情况下的软件种类的差异程度和开发成本对利润的影响。另外分析了软件产品简化版软件、完整版软件市场细分定价的方法以及软件盗版中的复制保护、不复制保护问题，并指出了软件公司根据不同情况采取最大化利润的方法。

（3）在电信服务方面：首先通过分析了离散情况下消费者的效用函数，指出了垄断供应商的定价可能会造成市场扭曲以及新厂商的进入在扩展至三种类型的条件下可能会造成市场扭曲；然后分析了在连续情况下的无连接成本和有连接成本新厂商的进入在增加老用户和新连接用户的效用的同时，也增加新进入厂商的利润；最后分析了互联互通中的互联网络接入定价的基本方法（有效元素定价法）、区域性垄断下的双向接入定价和接入价的国际电话结算费率的确定、讨价还价以及对供应商利润的影响。

（4）在电视节目方面：针对有线电视的特点，首先分析了电视制作和电视台在信息对称和信息不对称条件下的最优合约的设计；然后从有线电视的节目时间竞争和节目类型竞争这两个不同的角度进行分析，以博弈论的分析方法作为基本分析工具，通过构造社会福利函数来判断均衡解的情况，从而得到结论：在消费者理想的收视时间均匀分布的情况下，两家电视台在同一时间内播放的纳什均衡总是存在的，而三家电视台在同一时间内播出的纳什均衡不存在。另外首先在分析了有线电视的本地垄断效应的基础上，指出有线电视的本地独占对其消费者是有害的，从而得出结论：没有必要让有线电视经营商在本地实施独占经营，可以通过接入定价的方式来避免重复布线；最后，通过对有线电视与因特网捆绑销售的讨论，得出结论：如果一切有线公司都被允许通过相同的光缆提供一切数字服务，那么，将不会存在排挤，也不会存在瓶颈。

（5）在航空运输网络方面：国内不同航空公司之间可以采取不同的网络结构进行竞争，也可以通过联盟和合作，以消除各航空公司在国内市场相互牵制、相互排斥的现象，同时，国内各支线航空公司和干线航空公司可以通过相互之间的代码共享，增加支线和干线的航班频率和客座率，维持支线的运营，取得双赢的效果。

（6）在银行方面：本书主要对银行的转移成本、ATM 和不同的支付工具进行了分析。首先在研究银行账户的转移成本时，用到了防降价均衡计算方法；其次在对银行利用 ATM 竞争的模型研究中，结合 ATM 网络的兼容与否的情况，描述了银行收费的防降价均衡及其利润水平；最后，分析了法定货币与其他多种支付工具并存的现象，并建立了支付工具博弈模型，并对模型的均衡解进行分析，得出一个基本结论：无论是付款人，还是收款人都是在权衡了风险和成本的前提下对不同的支付方式进行选择的，同时指出如果没有现金的存在，交易甚至可能会不能完成，即决定支付媒介的均衡使用的关键点在于现金为法定货币。

9.2　研究对实践的启示

网络产品与服务的快速发展，已成为当今世界经济和社会发展的大趋势，也给世界各国特别是中国带来了良好机遇。网络产品和服务的合理定价是影响中国网络经济健康发展的重要因素。本书得出的研究结论可以为政府部门进行科学决策提供理论依据，同时，也为具有竞争性和外部性的网络产品和服务供给者制定合理的价格提供了一个理性的视角，可以促进网络产品和服务供给者改变传统产品的只注重生产成本、销售价格和利润的常规思路，建立起较为完善的不同种类的网络产品和服务的定价体系。

（1）对网络产品和服务消费者效用影响因素的重新认识。

网络产品和服务消费者效用的除了受到企业的生产成本即为生产产品或提供劳务而发生的各项生产费用和价格高低之外，还受到消费者的人数和转移成本的影响，并且这两个影响因素在网络产品和服务消费者作出选择时起着决定性的作用。

消费者消费网络产品（服务）的效用受到使用相同或相似或兼容的人数的影响，人数越多，消费者的效用越大。而消费者消费传统产品例如在食物、饮料产品具有排他性,即该消费者消费该商品,其他人无法消费该商品,受到消费人数的影响很小。

转移成本指学习、掌握一种软件如 ACCESS 数据库系统软件需要花费一定的代价(取决于用户的水平)。因此,转换数据库系统软件给用户带来麻烦。对某些用户来说,转换数据库系统软件和学习一门新语言一样困难。转移成本在对网络产品和服务消费者效用影响中很明显,例如本书通过抽样调查的经验估计的转换银行的成本可达到平均账户余额的 5% 左右。如果存在转移成本,那么称用户被"锁定"了,其中锁定的程度可以通过转移成本的大小来确定。转移成本从两个方面影响消费者的效用,一方面如果消费者已被锁定在某种产品的使用上,生产企业知道除非不同企业之间的价格差超过一定范围,消费者不会轻易转移到竞争产品上去,因此该企业可能制定比较高的价格,从而降低消费者的效用;另一方面如果消费者未被锁定在某种产品上,生产企业通过提供优惠、免费送试用的相类似的产品来展开竞争,吸引消费者,从而能提高消费者的效用。

(2) 网络产品和服务提供者具有显著的规模经济性。

规模经济是指在给定技术的条件下,对于某一产品(无论是单一产品还是复合产品),如果在某些产量范围内平均成本是下降的话,就存在着规模经济。同边际效益一样,在某一区域里才满足此规模经济性,一般情况下,此区域是封闭的区域。而网络产品和服务提供者的平均成本是随着出售给消费者数量的增加而下降的,规模经济的数量区域不是封闭的,边际效益趋近于零,因此网络产品和服务提供者不能按照竞争市场上一般产品生产厂商的边际收益定价法,因为其边际效益趋近于零,而应该采用非竞争市场上的定价方式,其中最为关键的是对预期消费者数量最少数量临界点的确定。所以,网络产品和服务提供者尤其重视产品或者服务标准的采用、和其他产品的互补性特别是和主导型产品的互补性,如微软公司早期成功的主要原因是它的操作系统软件和 IBM 公司的硬件产品配套,争取到大量的消费者群体。

(3) 对政府干预市场的重新认识。

网络产品与服务的主要特点之一是存在消费外部性,所以网络产品与服务的提供者不可能按照竞争性市场上形成的边际收益定价,因为网络产品与服务的提供者的边际收益趋近于零。因此网络产品与服务的提供者存在一定的垄断性,这时会出现市场失灵,导致资源配置失效。一般情况下,市场配置资源失效的原因在于存在垄断性和外部性。

在垄断性行业中,尤其是在电信、电力、自来水和运输等行业,由于在正式提供服务前需要在基础设施上大量投资,而在已有的基础设施为消费者服务的边际成本很小,中国过去是在一个地理区域只批准一家提供者,防止多家提供者会浪费社会资源。但是一家提供者的垄断服务会存在两个方面的问题:服务较差,有利于消费者的新技术进步往往不会被采用,如有线电视、电话和移动通信的三线合一的技术现在还没有被采用;政府不能控制网络产品与服务的提供者加在消费者头上的价格和各种费用,因为信息不对称,政府不能观察到他的真实成本,所以提供者会虚报成本从而得到更高的价格,这样损害消费者的利益。因此可以采用接入价的方式解决此类问题,即政府在收取基础设施的合理使用费的基础上让多家竞争者进入,从而增加消费者的福利和社会福利。

在外部性方面,尤其是消费者决定的外部性方面,如行业以次优准则选择标准会出现市场失灵。尽管存在市场失灵,但是并不意味着政府干预是必须的,有时候政府干预可能使情况变得更坏,如中国曾经制定了 3G 的通信标准,希望行业采用,遭到很多企业的反对,结果无法采用。其原因在于政府干预制定的标准不一定是最优标准。

9.3　对未来研究的展望

将博弈中的纳什均衡、动态纳什均衡和防降价均衡的方法应用于不同网络产品，主要针对网络产品的兼容性、网络规模效应、转移成本等方面进行研究，很多方面还没有得到满意的解决，相关成果缺乏实证研究，具有巨大的研究潜力。基于本书现有的研究结论，可以从如下方面进行拓展研究：

（1）在计算机硬件方面：不同的兼容性的含义，超过两个以上厂家数量的竞争等因素对定价造成影响。

（2）在计算机软件方面：软件盗版中实际数据的取得非常困难以及政府如何处理好保护软件的知识产权问题和扶持国内系统软件产业的发展问题对软件市场的发展影响极大。

（3）在电信服务业方面：主要考虑了企业的接入价问题，没有考虑原有企业和新进入企业的成本的大小，这些会影响到接入价的制定。

（4）在电视节目方面：没有考虑新闻管理体制对制定电视制作合约的影响，另外本书假设观众数量分布是均匀分布的情况得出节目播放的纳什均衡情况，如果观众数量分布是正态分布，那么纳什均衡的计算将变得非常困难。

（5）在银行方面：本书假定现金是法定货币得出的多种支付工具的均衡的决定，没有考虑外币（如美元）作为法定货币的影响，这在未来自由汇率条件下可能对多种支付工具的选择更有意义。

（6）在航空运输网络方面：本书仅仅分析了两种网络结构，没有考虑更多的网络结构，也没有考虑航空网络的安全性问题，这些都对航空运输管理提出了新的课题。

参考文献

［1］中国信息协会:《网络经济与经济治理》,中国计划出版社,
    2001年。

［2］牛飞亮:《网络经济与企业数字化改造战略》,西北工业大学
    出版社,2006年。

［3］奥兹·伊:《网络产业经济学》,上海财经大学出版社,
    2002年。

［4］夏大慰:《对新经济时代的产业经济研究》,上海财经大学出
    版社,2001年。

［5］周朝民:《网络经济》,上海交通大学出版社,2002年。

［6］李明志:《产业组织理论》,清华大学出版社,2004年。

［7］Nash J. The Bargaining Problem. *Econometrica*,1950,18.

［8］Herzel L. Public Interest and the Market in Color Television
    Regulation. *University of Chicago Law Review*,1951.

［9］Steiner P. Program Patterns and Preferences and the
    Workability of Competition in Radio Broadcasting. *Quarterly
    Journal of Economics*,1952,6.

［10］Coase R. The Federal Communications Commission. Journal of
    Law and Economics,1959,2.

［11］Swan P. Durability of Consumer Goods. *American Economic
    Review*,1970,60.

［12］Rohlfs J. A Theory of Interdependent Demand for
    Communication Service. *Bell Journal of Economics*,1974,5.

［13］Kindleberger C. Standards as Public, Collective and Private

Goods. *KYKLOS*, 1983,36.

[14] Von Weizsacker. The Cost of Substitution. *Econometrica*, 1984,52.

[15] Farrell J, Saloner G. Standardization, Compatibility, Innovation. *Rand Journal of Economics*, 1985,16.

[16] Katz M, Shapiro C. Network Externalities, Competition and Compatibility. *American Economic Review*,1985,75.

[17] Katz M, Shapiro C. Product Compatibility Choice in A Market with Technological Progress. *Oxford Economics Papers*,1986,38.

[18] Katz M, Shapiro C. The Competitiveness of Markets with Switching Costs. *Rand Journal of Economics*,1987,18.

[19] Matutes C, Regibean P. Mix and Match : Product Compatibility. *Rand Journal of Economics*,1988,19.

[20] Economodes N. Desirability of Compatibility in the Absence of Network Externalities. *American Economic Review*,1989,79.

[21] Borenstein S. The Evolution of US Airline Competition. *Journal of Economic Perspective*,1989,6.

[22] David P, Greenstein S. The Economics of Compatibility Standards: An Introduction to Recent Research. *Economics of Innovation and New Technology*,1990,1.

[23] Chou C, Shy O. Network Effects without Network Externalities. *International Journal of Industrial Organization*,1990,8.

[24] Gilbert R. Symposium on Compatibility. *Journal of Industrial Economics*,1992,40.

[25] Leibowitz S, Margolis S. Network Externality: An Uncommon Tragedy. *Journal of Economic Perspectives*, 1994,2.

[26] Church J, Gandal N. Strategic Entry Deterrence: Complementary Products as Installed Base. *European Journal of Political*

Economy, 1996, 12.

[27] McMillan J. Selling Spectrum Rights. *Journal of Economic Perspectives*, 1994, 8.

[28] L affont J, Tirole J. Access Pricing and Competition. *European Economic Review*, 1994, 38.

[29] Wright J. International Telecommunication, Settlement Rates and the FCC. *Journal of Regulatory*, 1999, 15.

[30] Bittlingmayer G. Efficiency and Entry in A Simple Airline Network. *International Journal of Industrial Organization*, 1990, 8.

[31] Berechman J, Shy O . The Structure of Airline Equilibrium. *Recent Advances in Spatial Equilibium Modelling*, 1996.

[32] Berechman J, Poddar S, Shy O. Network Structure and Entry in the Deregulated Airline Industry. *Keio Economic Studies*, 1998, 5.

[33] Bresnahan T, Greenstein S. Technological Competition and the Structure of the Computing Industry. *Journal of Industrial Economics*, 1999, 47.

[34] Bresnahan T, Greenstein S. Technological Competition and the Structure of the Computing Industry. *Journal of Industrial Economics*, 1999, 47.

[35] Chou C, Shy O. Do Consumers Gain or Lose When More People Buy The Same Brand? *European Journal of Political Economy*, 1996, 12.

[36] Church J, Gandal N. Integration, Complementary Products and Variety. *Journal of Economics and Management Strategy*, 1992, 1.

[37] Greenstein S. Did Installed Base Give An Incumbent Any (Measurable) Advantages in the Federal Computer Procurement.

Rand Journal of Economics, 1993, 24.

[38] Chou C, Shy O. Partial Compatibility and Supporting Services. *Economics Letters*, 1993, 41.

[39] Baseman K, Warrent-Boluton F. Microsoft Plays Hardball: The Use of Exclusionary Pricing and Technological Incompatibility to Maintain Monopoly Power in Markets for Operating Systems. *Antitrust Bulletin*, 1995, 40.

[40] Givon M, Mahajan V, Muller E. Software Piracy: Estimation of Lost Sales and the Impact on Software Diffusion. *Journal of Marketing*, 1995, 59.

[41] Gandal N. Hedonic Price Indexes for Spreadsheets and An Empirical Test of the Network Externalities Hypothesis: Innovation. *Rand Journal of Economics*, 1994, 25.

[42] Sharp S, Seater J. The Effect of Consumer Switching Costs on Prices: A Theory and Its Application to Bank Deposit Market. Review of Industrial Organization, 1997, 12.

[43] Tarkka J. Approaches to Deposit Pricing: A Study in the Determination of Deposit Interest and Bank Service Charges. *Bank of Finland and Studies*, 1995.

[44] Santomero A, Seater J. Alternative Monies and the Demand for Media of Exchange. *Journal of Money, Credit, and Banking*, 1996, 28.

[45] Matutes C, Jorge Padilla. Shared ATM Networks and Banking Competition. *European Economic Review*, 1994, 38.

[46] Shy O, Tarkka. The Market for Electronic Cash Cards. Research Department. Bank of Finaland Paper, 1998.

[47] Cancian M A. Bills Hotelling Location Problems with Directional Constraints: An Application to Television Scheduling. *Journal of Industrial Economics*, 1995, 43.

[48] Spence A，Owen B. Television Programming，Monopolistic Competition，and Welfare. *Quarterly Journal of Economics*，1997,91.

[49] Nilssen T，Sard L. Time Schedule and Program Profile：TV News in Norway and Denmark. *Journal of Economics and Management Strategy*，1998,7.

[50] 胥莉：《具有网络外部性特征的企业定价策略研究》,《管理科学学报》,2006 年第 12 期。

[51] 刘毓敏：《DV-DVP 系统软硬件兼容性缺陷及其对策》,《电声技术》,2002 年第 07 期。

[52] 薛伟贤：《寡头市场的博弈分析》,《系统工程理论与实践》,2002 年第 11 期。

[53] 陈黎琴：《笔记本市场的博弈分析》,《中国社会科学院研究生院学报》,2002 年第 7 期。

[54] 刘戒骄：《产品兼容、网络效应与企业竞争力》,《中国工业经济》,2002 年第 7 期。

[55] 刘戒骄：《企业兼容竞争的博弈分析》,《中国工业经济》,2003 年第 2 期。

[56] 朱振中：《兼容性经济学研究的发展》,《中国工业经济》,2004 年第 9 期。

[57] 唐百川,胡汉辉：《软件企业的产品兼容性决策选择》,《东南大学学报》,2005 年第 12 期。

[58] 徐忠,杨剑侠,张相国：《世界软件盗版影响因素实证研究》,《世界经济研究》,2006 年第 8 期。

[59] 张帆,蔡虹：《软件盗版,公司的战略选择与政府政策的选择分析》,《管理工程学报》,2005 年第 4 期。

[60] 丁继锋：《软件盗版的网络效应分析》,《兰州学刊》,2006 年第 9 期。

[61] 崔纪平：《电信成本测算及定价原则与方法的研究》,《电信

软科学研究》,2000 年第 3 期。

[62] 邹超,杨庆丰:《我国 ADSL 与 FTTH 的组网方式及成本要素》,《西安交通大学学报(社会科学版)》,2008 年第 1 期。

[63] 宋美恩:《中国电信规制的动因分析》,《企业活力》,2007 年第 3 期。

[64] 唐守廉:《电信互联的接入定价问题研究》,《管理评论》,2000 年第 11 期。

[65] 魏素卿,王少云:《浅谈电信网间结算与电信市场竞争》,《电信网技术》,2007 年第 2 期。

[66] 卞新森,罗锋:《产业价值链视阈下的电视节目版权贸易》,《武汉科技大学学报(社会科学版)》,2008 年第 2 期。

[67] 于雷:《信息增值业务如何为广播增值》,《中国广播》,2005 年第 6 期。

[68] 于方:《收费电视的前景分析》,《新闻采编》,2006 年第 6 期。

[69] 赵季伟:《电视节目生命周期管理的研究及其应用》,《电视技术》,2008 年第 2 期。

[70] 庄智为:《数字融合引爆无限商机》,《电子技术》,2006 年第 10 期。

[71] 杨玲玲:《对我国有线数字电视发展困境的审视》,《中国有线电视》,2006 年第 19 期。

[72] 杨秀云,冯根福:《民航业的需求差别定价:特点和运用》,《经济科学》,2003 年第 5 期。

[73] 白杨:《我国航空运输服务业的市场结构及价格竞争策略分析》,《经济经纬》,2006 年第 1 期。

[74] 翁克瑞,杨超,屈波:《中国航空枢纽港选址与中枢航线网络设计》,《长安大学学报(社会科学版)》,2006 年第 4 期。

[75] 黎群:《航空公司战略联盟的网络经济性分析》,《北方交通大学学报(社会科学版)》,2005 年第 3 期。

[76] 张莉:《民航运输业的价格管制与放松管制》,《中国科技信

息》,2005 年第 21 期。

[77] 王子健:《转移成本、网络兼容与商业银行竞争》,《数量经济技术经济研究》,2002 年第 4 期。

[78] 姜利兵,潘炜碧,孙辉:《经济结构转换成本正向银行转嫁》,《武汉金融》,2001 年第 8 期。

[79] 肖萍.《转移成本对顾客忠诚度的作用机理及应用模式》,《乌鲁木齐职业大学学报》,2006 年第 4 期。

[80] 何自力,王海东:《ATM 网络服务价格竞争与银行卡市场结构——一个基于产业组织理论的分析》,《上海金融》,2004 年第 5 期。

[81] 寇宗来,王学斌:《ATM 收费、银行竞争和社会福利》,《世界经济》,2006 年第 1 期。

[82] 卢玉志,武翠芳:《电子货币对金融体系产生的影响》,《经济与管理》,2004 年第 3 期。

[83] 钟志文:《缤纷银行卡　用它有讲究》,《财会月刊(财富)》,2001 年。

[84] Leibowitz S, Margolis S. The Fable of the Keys. *Journal of Law & Economics*, 1990, 33.

[85] Greenstein S. Did Installed Base Give an Incumbent Any (Measurable) Advantages in the Federal Computer Procurement. *Rand Journal of Economics*, 1993, 24.

[86] Gandal N. Competing Compatibility Standards and Network Externalities in the PC Software Market. *Review of Economics and Statistics*, 1994.

[87] Berechman J, Poddar S, Shy O. Network Structure and Entry in the Deregulated Airline Industry. *Keio Economic Studies*, 1998, 35.

[88] Kim M, Kliger D, Vale B. Estimating Switching Costs and Oligopolistic Behavior. Norges Bank, Research Department,

Working Paper. 1999.

[89] 李晓华:《网络效应、反盗版及其对我国软件产业发展的启示》,《中国社会科学院研究生院学报》,2007 年第 5 期。

[90] Katz M, Shapiro C. Product Introduction with Network Effects. *Journal of Industrial Economics*, 1992, 40.

[91] 胡适耕:《微观经济的数理分析》,华中科技大学出版社,2003 年。

[92] 李光久:《博弈论基础教程》,化学工业出版社,2005 年。

[93] 冯·诺依曼:《博弈论与经济行为》,上海三联出版社,2004 年。

[94] 平新乔:《微观经济学十八讲》,北京大学出版社,2006 年。

[95] 黎诣远:《微观经济分析》,清华大学出版社,2003 年。

[96] 乌家培:《信息经济学》,高等教育出版社,2006 年。

[97] 张福炎:《信息技术教程》,南京大学出版社,2006 年。

[98] 张海藩:《软件工程导论》,清华大学出版社,2003 年。

[99] Shy O. *The Economics of Network Industries*. The Press Syndicate of the University of Cambridge, 2001.

[100] Gandal N. A Selective Survey of the Literature on the Indirect Network Externalities. *Research in Law and Economics*, 1995, 17.

[101] Gandal N, McAfee P. Adoptions and Orphans in the Early Microcomputer Market. *Journal of Industrial Economics*, 1999, 47.

[102] Shy O, Thisse J. A Strategic Approach to Software Protection. *Journal of Economics and Management Strategy*, 1999, 8.

[103] Deneckere R, McAfee P. Damaged Goods. *Journal of Economics and Management Science*, 1996, 5.

[104] Church J, Gandal N. Network Effects, Software Provision, and Standardization. *Journal of Industrial Economics*,

1992,40.

[105] Cabal L, Salant D. Monopoly Pricing with Network Externalities. *International Journal of Industrial Organization*,1999,17.

[106] Cabal L. Salant D. Monopoly Pricing with Network Externalities. *International Journal of Industrial Organization*,1999,17.

[107] 贾丹华:《因特网发展中的公共政策选择》,北京邮电大学出版社,2004年。

[108] 郭庆光,孟建:《媒体战略管理——案例分析》,华夏出版社,2004年。

[109] 黄升民,周艳,马丽婕:《广电媒介产业经营新论》,复旦大学出版社,2005年。

[110] 董建丽:《对有线电视发展的几点认识》,《广播与电视技术》,2006年第4期。

[111] 王磊:《有线电视网络生存与发展的思考》,《广播电视信息》,2008年第2期。

[112] 赵凤彩:《航线网络经济性的探讨》,《中国民航学院学报》,2002年第2期。

[113] 秦占欣:《航空运输业的产业特征与管制改革》,《北京航空航天大学学报(社会科学版)》,2004年第1期。

[114] 柏明国,朱金福:《全连通航线网络和枢纽航线网络的比较研究》,《系统工程理论与实践》,2006年第9期。

[115] 王新安,杨秀云:《航空公司之间的代码共享及其对民航业的影响》,《兰州大学学报(社会科学版)》,2006年第1期。

[116] 欧阳洪明:《ATM自动柜员机在中国面临的挑战和发展》,《信息化》,2005年第11期。

[117] 汪泉,俞亚光,刘道国,黄浩,刑精平:《偏好、信用与机会主义:个体私营经济结算工具选择》,《金融研究》,2002年第

4 期。

[118] 李剑:《从支付工具属性看信用卡的发展》,《业务平台》,2003 年第 10。

[119] 大卫·范胡斯:《电子商务经济学》,机械工业出版社,2003 年。

[120] 刘珉,刘晖:《美国电子支付方式的发展趋势》,《上海会计》,2006 年第 3 期。

[121] 黄亚钧:《现代投资银行的业务和经营》.上海立信会计出版社,2002 年。

后 记

本书是在我的博士论文基础上修改而成的。在这里，我首先要感谢导师杨卫国教授，他在学术上给予认真的指导，在生活上给予悉心的关怀，尤其是为我提供了优越的工作条件，使本书得以顺利完成。同时，杨老师广博的知识、敏锐的学科前沿洞察力、宽大的胸怀以及务实的工作态度，将让我铭记一生。在四年的研究生活中，我从杨老师那里学到了严谨的学术态度、坚强的意志和信念以及大胆创新的精神，将自己的科研之路定位在以理论与实践相结合，从实践中提炼出基础性、关键性的问题，做深入的研究。在这里我向导师表示衷心的感谢和崇高的敬意。

我还要特别感谢学习期间给予我关心和帮助的任南老师、张浩老师、吕向阳老师、孟庆良老师、魏晓卓老师、吴君民老师以及其他诸位老师，感谢他们多年来对我的关心和培养。

最后还要感谢远方的父亲、岳父母、妻子、儿子、哥哥等亲人给我的关心和支持，在漫长的求学生涯中，亲人们的理解和支持是我最大的精神动力。

盛永祥

2013 年 4 月